DEVENIR EL OTRO
Número 136
Colección dirigida por Juan Pastor

JAVIER ATENCIA ESCALANTE

PLATÓN PARA THERA

SOBRE EL AMOR O LA SIMPATÍA

Devenir
el otro

Madrid, 2025

Primera edición, noviembre 2025

Diseño: José Ramón Ballesteros de Diego

© Javier Atencia Escalante
© De la presente edición:
Fundación Devenir. Poesía y Ensayo
Apartado de correos número 5
28991 Torrejón de la Calzada (Madrid)
Teléfono: 918 169 210
Dirección de correo electrónico: pastorj@telefonica.net
Página web: www.devenir.es

ISBN: 978-84-18993-34-3
DEPÓSITO LEGAL: M-26392-2025

Impreso en Imprenta Kadmos
Salamanca
IMPRESO EN ESPAÑA - PRINTED IN SPAIN

PRÓLOGO

Thera es el nombre de un volcán con una increíble fuerza de destrucción, pero que en su devenir desoculta la belleza. *Thera* también es uno de los nombres de mi hija.

Cuánto debemos destruir para descubrir la Belleza.

Los héroes, los seres humanos más agraciados, descubren en vida su propia muerte, y piensan el Mundo desde fuera, sin formar ellos mismos parte ya de él. Quizá sea esa la Gracia concedida a algunos seres humanos, la capacidad heroica de desocultar su propia destrucción, pues ahí, en ese momento y lugar, es posible descubrir la Verdadera Belleza que conduce el Buen sentido de la existencia. Sólo en esa muerte en vida algunos seres humanos descubren la libre elección del Amor y la Simpatía, el verdadero Motor del Cosmos. La muerte heroica en vida y el segundo nacimiento ofrecen el privilegio de hacer y padecer una segunda heroicidad, donar la propia vida guardando y custodiando la Re-Equilibración o Armonía del Mundo.

La destrucción de la ignorancia descubre la belleza del mundo y sintoniza a los seres humanos con Amor y Simpatía.

Cualquier ser humano medianamente culto de los últimos 2500 años se ha enfrentado a la lectura de Platón descubriendo un sentido profundo e inesquivable de la existencia.

Como tantos otros, leí a Platón a mi manera, es decir, sin reprimir mi interpretación bajo la presión de las ya tantas lecturas, comparaciones, revisiones y sentencias hechas por los más eminentes lectores de la historia de la humanidad. Pero *Fedro* lo releí con una idea de comunicación que ya tenía construida y que espero que pronto sea publicada en esta misma editorial. Este libro pretende ser una introducción de ella. Leí *Fedro* redescubriendo que Platón tenía un problema análogo al mío, si no exactamente el mismo: cómo controlar la Metalocución sin perdernos en la banalidad del mundo, ni distanciarnos de él insensibilizándonos. Cómo comunicarnos escuchando lo relevante y relevando la relevancia. Cómo retener en la comunicación la verdad, sin que esta se disperse entre opiniones desinformadas e ignorantes. Cómo comunicarnos re-equilibrando la intra y extrasubjetividad en favor de una re-equilibración Intersubjetiva...

En *Fedro* encontré un volcán, un dispositivo de destrucción con una fuerza incomparable. *Fedro* destruye la vanidad y la soberbia, la petulancia y la mezquindad impulsadas por la ignorancia y, al mismo tiempo, esa destrucción conduce al lector al desocultamiento del Amor y la Simpatía, estados de ánimo de los que depende la Belleza del Mundo, su re-equilibrio más holoédrico.

En el *Fedro* de Platón se descubre la más alta pedagogía, esa que se ocupa de cómo comunicarnos con lo otro y los otros guiando la comunicación con la Verdad, la Belleza y la Bondad. La filosofía es pedagogía, es el arte de impresionar a los demás con la Verdad. En *Fedro* hay un denodado esfuerzo por señalar un camino, una vía, una senda que conduzca la existencia hacia la re-equilibración Intersubjetiva.

Este *Platón para Thera* es el intento de dar continuidad a ese esfuerzo pedagógico. Por eso mi *Platón* es, sobre todo, para *Thera*, para devolverle ese impulso que me dio hacia hacer y padecer lo posible en favor de la destrucción de la ignorancia y el desocultamiento de la Belleza. Sin *Thera* hubiese podido mucho menos.

Aprovecho, ya que queda aquí inscrito, para agradecer a los dioses su aparición, pues, en realidad, fueron ellos los que decidieron.

Aquí presento un pequeño mapa, una brújula, con la que poder surcar un Mundo plagado de idiotas que están adquiriendo cada vez mayor poder. Debemos hacer lo posible por arrebatárselo.

Esto es solo una introducción al Gran Mapa, que como ya he dicho, espera pronta publicación y que consta de una Ontología de la Comunicación, una Epistemología de la Comunicación, una Teología de la Comunicación y una Lógica de la Comunicación.

Esta obra está plagada de ideas que me transmitió David (Francisco Sánchez la Fuente Santillana) en una serie de conversaciones que tuvieron lugar entre, aproximadamente, febrero de 2013 hasta marzo del 2019. Mi más profundo agradecimiento a aquel tiempo con David conversando acerca de la nueva edad de la Humanidad. Las correcciones de Milagros Gómez en la fase final de la escritura fueron clave para hacer la obra asequible al lector. A Inmaculada Rosales no solo agradezco las correcciones que hizo en diferentes momentos de la escritura, también le agradezco dejarme contemplar cada día su belleza y su bondad. A Cristina Escalante, mi Madre, su plena confianza en mí y en mi trabajo. A Francisco Javier Atencia, mi Padre, enseñarme el camino de honestidad y educarme para seguirlo sin titubeos.

PRIMERA PARTE:
LA ARGUMENTACIÓN DE SÓCRATES
EN EL FEDRO

DISCURSO DE LISIAS Y PRIMER DISCURSO DE SÓCRATES

En el *Fedro*[1] se exponen tres discursos. En el primero, el sofista Lisias expone como conclusión a su discurso que el Amor es una enfermedad y que más nos vale alejarnos de aquellos que se encuentran enamorados. En el segundo, Sócrates muestra las leyes de la Retórica y cómo Lisias las incumple en su discurso. En este segundo discurso, Sócrates llega a la misma conclusión de Lisias, esto es, a que el Amor es una enfermedad y que más vale alejarnos de aquellos que se encuentran enamorados. Lo que diferencia este discurso de Sócrates del de Lisias es que en el de Sócrates no hay incorrección Retórica. Por último, en el tercer discurso, Sócrates expone la *Dialéctica* mostrando que no solo es necesaria la mera corrección Retórica o Geométrica, conducida por la *Dianoia*, sino también la virtud y la rectitud que debe regir toda deliberación conducida por el conocimiento —*episteme*—, pues de la sintonía de ambas, corrección y rectitud, depende el cauce y encauzamiento hacia re-equilibración entre ciudadanos, *Polis* y el Más Allá de los dioses. En el tercer discurso Sócrates desvela el Amor

1. Las traducciones que se han manejado de Fedro son: Platón. *Diálogos. Defensa de Sócrates. Critón el deber. Fedón o del alma. El banquete o del amor. Fedro o de la belleza.* Traducción: Garriga, J. Nueva Edición. Barcelona. 1979. Platón. *Fedón. Fedro.* Traducción Gil Fernandez. L. Alianza. Madrid. 2010. Platón. *Diálogos III. Fedón. Banquete. Fedro.* Traducción de García Gual. C. Martínez Hernández, M. Y Lledó Íñigo, E. Gredos. Madrid. 1986.

como estado de ánimo capaz de modular el decir recto. La justicia tiene una sintonía con el Amor que la *Dialéctica* pretende desvelar.

Tal y como Platón demostrará, aquello a lo que se refiere Lisias con «Amor», en el discurso que le lee Fedro a Sócrates a las afueras de Atenas, no debiera llamarse «Amor». Pero a esa conclusión llegará Sócrates en el tercer discurso. Centrémonos en el primero.

Lisias comienza su discurso partiendo de la idea de que el amor es resultado de un modo frecuente de comunicación en la *Polis*, y que Lisias define como una enfermedad. En esa comunicación que muchos denominan «amor» media principalmente la envidia, los celos, la posesión y el rencor. Dicho de otro modo, Lisias defiende que quienes aman no son dueños de sí mismos, mientras que quienes no aman sí lo son[2].

No es difícil advertir que con el término «amor» Lisias se refiere al resultado de un proceso comunicativo, pero dicho proceso en el discurso de Lisias está plagado de ambigüedades o borrosidades no clarificadas, que el orador, Lisias, usará en beneficio de su interpretación del Amor como una enfermedad. Dicho de otro modo, el discurso de Lisias se fundamenta en una falacia que consiste en no clarificar aquello a lo que se refiere con «amor». En la etiqueta «amor» Lisias pretende referirse al proceso comunicativo del que resulta la envidia, los celos, la indigna posesión y el rencor, cuando de modo popular la etiqueta «amor» es entendida como aquello que se refiere al proceso comunicativo del

2. Platón. *Fedro* en *Diálogos III. Fedón. Banquete. Fedro.* Traducción de García Gual. C. Martínez Hernández, M. Y Lledó Íñigo, E. Gredos. Madrid. 1986. p. 319.

que resulta la cooperación, la felicidad, la belleza y el bien compartido. La cuestión que cabe plantear a Lisias, aunque Sócrates no lo haga es, cómo Lisias denominaría el estado de ánimo que resulta de la cooperación, la felicidad, la belleza y el bien compartido. Es decir, si bien Lisias define el «amor» como un conjunto de bajas pasiones, cómo definiría el comportamiento y el estado de ánimo que conduce hacia el bien común con mutua cooperación o, ¿acaso Lisias niega la existencia de dicho comportamiento? Pero dejemos nuestras advertencias y volvamos a las que le hace Sócrates.

En el drama que representa el *Fedro*, Fedro lee ante Sócrates del discurso de Lisias presentándoselo como un modelo de corrección y rectitud de la intelección. Tras la lectura Sócrates no responde ofreciendo inmediatamente su verdadero juicio acerca de cuánto y por qué le ha impresionado el discurso de Lisias. En lugar de ello dice: «Genial» o «maravilloso» según la traducción[3]. Pero con estas calificaciones Sócrates no se refiere a la argumentación del discurso de Lisias, sino a la expresión de gozo que brillaba en los ojos de Fedro mientras leía el discurso. Para Sócrates lo genial y maravilloso es la ternura del ingenuo amor de Fedro que, sin entender el contenido del discurso de Lisias, demuestra irracionalmente su amor por él.

Por ello, tras la lectura de Fedro, Sócrates prefiere dar una respuesta más dirigida al sentimiento del propio Fedro que al contenido del discurso de Lisias. Puede plantearse aquí que

---

3. «Maravilloso» Platón. *Diálogos. Defensa de Sócrates. Critón o el Deber. Fedón o del Alma. El banquete o del Amor. Fedro o de la Belleza*. Traducción: Garriga, J. Nueva Edición. Barcelona. 1979.. p.153. «Genial» en Platón. *Fedón. Banquete. Fedro*. Traducción de García Gual. C. Martínez Hernández, M. Y Lledó Íñigo, E. Gredos. Madrid. 1986. p. 323.

Platón parece querer advertir al lector de que, en las situaciones informales es adecuado y proporcionado o, prudente señalar lo más virtuoso que hay en ellas, en este caso el gozo de Fedro. Por ello, Sócrates enfatiza lo amable y en principio prefiere obviar lo ignorante. Sabe que, en esta situación para él informal, centrarse en un juicio acerca del discurso de Lisias puede conllevar un desvelamiento que haga desvanecer la experiencia del ingenuo Fedro y su gozo pasajero.

Aunque Sócrates oculta la articulación de su propio juicio acerca del contenido del discurso de Lisias, resguardando con ello el ingenuo gozo de Fedro, la tensión dramática del *Fedro* aumenta. Fedro parece sospechar de las expresiones calificativas de Sócrates. Con lo que presiona a Sócrates pretendiendo indagar en su juicio acerca del discurso de Lisias. Fedro no se contenta con el juicio informal y reclama a Sócrates un juicio formal acerca del discurso de Lisias.

Ante esta petición formal de Fedro, Sócrates continúa conduciendo su decir y su conducta con prudencia, optando por expresar cómo mejorar la argumentación de Lisias, sin plantear su propia posición acerca del Amor, contraria a la de Lisias, pues teme importunar en demasía con su verdadero juicio, el tierno amor de Fedro.

Ante la exigencia que Fedro hace a Sócrates de un juicio formal acerca de Lisias, Sócrates por fin dice que para poder expresar con claridad un juicio conclusivo, como el que pretende realizar Lisias, debe partirse de una delimitación del tema sobre el que haya acuerdo, en este caso el amor, para luego continuar la argumentación sin confusión.

«Sólo hay una manera de empezar, muchacho, para los que no pretendan equivocarse en sus deliberaciones. Conviene saber de qué trata la deliberación. De lo contrario, forzosamente, nos equivocaremos»[4].

Así comienza Sócrates el desocultamiento del núcleo de la astucia que conduce el discurso del sofista. Pues, cuando el tema no está bien definido es posible hacer del argumento más débil el argumento más fuerte y viceversa. Pero, si está bien definido y hay acuerdo en la delimitación del tema entre quienes dialogan, el poder de la argumentación sofista decae hasta inhibirse todo su poder de persuasión. Sócrates advierte que la mera corrección retórica permite al sofista manipular la argumentación en su propio beneficio. El fundamento de ello es jugar retóricamente con la delimitación confusa del tema en litigio. Pero en este caso, Sócrates demostrará que ni siquiera hay tal corrección retórica.

Por tanto, ante la exigencia de Fedro de un juicio formal, Sócrates reprime en principio su verdadero juicio limitándolo al ámbito de la Retórica; expone en su réplica una argumentación de mayor rigor retórico que la que expresó el propio Lisias, llegando a la misma conclusión que propone Lisias. Es decir, Sócrates también concluye su argumento con el juicio de que el amor es una enfermedad y que más vale apartarnos de los enamorados, que juntarnos con ellos y ofrecerles nuestros favores. De este modo, Sócrates demuestra que puede alcanzarse rigor geométrico, corrección retórica, aun cuando se está defendiendo una falsedad, esta es, que amar supone una degeneración para quienes se aman, pues el amor deriva inevitablemente hacia

4. Platón. *Fedro* en *Diálogos III. Fedón. Banquete. Fedro.* Traducción de García Gual. C. Martínez Hernandez, M. Y Lledó Iñigo, E. Gredos. Madrid. 1986. p. 328.

las más dolorosas y perniciosas pasiones; pero esto se desvelará más adelante.

Con este discurso Sócrates pretende hacer entender a Fedro que la Retórica exige el cumplimiento de sus reglas, cuestión fundamental de todo argumento, y que es una exigencia que incumple Lisias en su discurso acerca del amor. Veamos cómo lo hace.

Sócrates, en su primer discurso meramente Retórico, propone que «amor» se refiere a un deseo, y como tal, hay dos principios que lo rigen y lo conducen: uno, el *deseo natural de gozo*, y el otro, la *opinión adquirida que tiende a lo mejor*[5]. Partiendo de estas premisas, con una mucha mayor robustez lógica y antropológica que las que planteaba Lisias, Sócrates, actúa como un sofista, argumenta hasta llegar a la conclusión pretendida por Lisias y con la que pueda enseñar a Fedro las exigencias de la corrección retórica.

Para ello, define el amor con una definición que aparenta, solo aparenta, ser correcta y no confusa. Con esta definición, Sócrates deja lisiado intencionadamente el proceder dialéctico que llevaría al verdadero conocimiento del Amor, pero manteniendo la corrección Retórica. En la argumentación de Lisias hay una falacia *Ad Nominem*, puesto que la etiqueta «amor» que nombra el proceso comunicativo al que se refiere, el Amor, es borroso, no queda clarificado. Lisias adjudica a dicha etiqueta de «amor» la conducta que rigen las bajas pasiones antes mencionadas pero sin definir su proceso de originación. En cambio, Sócrates sí propone una definición de aquello a lo que pretende referirse Lisias con la etiqueta «amor», ofreciendo una definición y una

---

5. *Ibidem*. pp. 329, 330.

delimitación de dicho proceso comunicativo. La definición de Amor de Lisias, expone Sócrates, debiera fundarse, para que dijese con corrección lo que pretende, en el *deseo natural*, en el instinto, así como en la mera la *opinión —doxa*— que tiende a lo mejor. En tanto en cuanto el deseo natural y la opinión —*doxa*— no están controlados y sobre-determinados por la Razón (con mayúsculas), el descontrol racional del deseo natural y la opinión que cree conducir hacia lo mejor, en realidad conducirán descontroladamente hacia la confusión, donde no se encuentra lo mejor sino, más bien, lo peor. Es decir, tanto el deseo natural de gozo, como la opinión que tiende a lo mejor, conducen a la mera satisfacción de cada uno de los amantes[6], lo que inhibe su verdadero interés por la satisfacción mutua o del otro. Sócrates argumenta exponiendo que el amor es un deseo natural, que se apega a otros deseos naturales o apetitos, impulsando a quien los posee hacia el propio goce arrastrando al amante y al amado hacia el mero esplendor de los cuerpos. Este esplendor expresa una belleza con minúsculas, superficial, vanidosa, con disposición de re-equilibración meramente intrasubjetiva, desprovista de Razón y Disposición Intersubjetiva, y, por tanto, podemos adelantar, una belleza carente de *Dialéctica*. De este modo, Sócrates expone como conclusión que a aquel ser humano cuyo imperio es el deseo y el placer su esclavitud, y dice que eso es amor,

---

6. Sobre la continuidad y la discontinuidad entre los instintos y la Razón se han situados todas las corrientes de pensamiento. Seguimos, a principios del siglo XXI, una comprensión clara y distinta de cómo se articula dicha relación. Para su clarificación será necesaria una aproximación lógica, arqueológica y epistemológica de la comunicación articulada desde una lógica sinóptica. Algo aun ni siquiera considerado como hipótesis en la historia del pensamiento pero es lo que permite realizar la interpretación que aquí se está haciendo.

no le queda más remedio que, ahora sí, someterse a las bajas pasiones que conducen a la verdadera insatisfacción y el des-equilibrio, único destino de quienes aman[7].

Así pues Sócrates se atiene a la mera corrección retórica y fundamenta aquello a lo que se refiere Lisias con «amor» a un proceso que contiene a los instintos y a la opinión —*doxa*— y no a la *Razón Dialéctica*. A sabiendas, Sócrates evita una argumentación que defina el Amor de modo *Dialéctico*, esto lo reservará para más adelante. De este modo, Sócrates plantea una corrección meramente retórica al discurso de Lisias, planteando de modo más correcto que Lisias su conclusión, es decir, que cuando los instintos se desatan, tal y como ocurre entre amantes y amados, su potencia es suficiente para arrastrar el carro alado hacia abajo, hacia las bajas pasiones, conduciéndolos y a quienes los rodean al sufrimiento y a la insatisfacción —más tarde, nos detendremos en la interpretación del mito del carro alado—. La mera opinión —*doxa*— no tiene capacidad de guiar la argumentación que guía a su vez los deseos naturales. Por ello, tanto la mera opinión que conduce los instintos y los deseos naturales tienden aparentemente y no verdaderamente a lo mejor. La mera opinión —*doxa*— carece de fundamento de la Razón, es es ella la que sí conduce hacia el conocimiento —*episteme*—, tampoco los deseos naturales se fundan en ella. Cuando la deliberación sin guía racional ni razonable, es guiada por la mera opinión, los instintos y los deseos amantes y amados concluyen que la satisfacción egoísta es suficiente para mantener un equilibrio amable

7. Platón. *Fedro* en *Diálogos III. Fedón. Banquete. Fedro.* Traducción de García Gual. C. Martínez Hernández, M. Y Lledó Íñigo, E. Gredos. Madrid. 1986. p. 331 y ss.

entre ambos[8]. La falta de fundamento en la Razón oculta el conocimiento del bien común o Re-equilibración Intersubjetiva. Esta falta de conocimiento o, mera opinión sin Razón, guía la comunicación entre amantes y amados hacia una aparente satisfacción que los terminará conduciendo a una ulterior insatisfacción. Mediante este argumento Sócrates muestra con mayor corrección que Lisias que amantes y amados conducen su comunicación con su opinión, sus instintos y deseos naturales hacia bajas pasiones, a las que denominan «amor».

Por lo tanto, en su primer discurso eminentemente sofista, Sócrates concluirá que, si los amantes y los amados conducen su conducta por los deseos naturales y las opiniones, que cambian según las necesidades urgentes y egoístas o, meramente extra e intrasubjetivas, ya sean corporales o relativas a la experiencia subjetiva de vida que en ellos reside, entonces los acuerdos y los desacuerdos que ellos alcanzarán no conducirán más que a la insatisfacción.

Sócrates acaba concluyendo, como Lisias, que no amar es preferible a amar.

«Todo esto, muchacho, es lo que tienes que meditar, y llegar, así, a darte cuenta de que la amistad del amante no brota del

---

8.   Cuídese el lector de pensar que está fuera del conjunto de aquellos que tienen la intención de los sofistas. Sofista, repetimos, es quien somete su opinión a argumentaciones que se sostienen en suposiciones y presuposiciones cuyo fundamento puede fundamentar y para luego hacer en dicha fundamentación elusiones, alusiones, negaciones, afirmaciones, enfatizaciones, etc., que permitan imponer el interés del orador. Si ni siquiera es el lector capaz de realizar dicho proceso, entonces, no es que no tenga las mismas intenciones que el sofista, es que estas intenciones están ocultas por la ignorancia que padece. La probabilidad de que el lector que está leyendo estas páginas actúe como lo hacían los sofistas o guiado con las mismas intenciones pero de modo ignorante es prácticamente absoluta.

buen sentido, sino como las ganas de comer, del ansia de saciarse. Como a los lobos los corderos, así les gustan a los amantes los mancebos»[9].

Por tanto, concluye Sócrates, debemos mantener la distancia con respecto a quienes acostumbran a dialogar sin Razón, pues ello nos puede envolver en acuerdos o desacuerdos irracionales que traen como consecuencia la debilidad del alma y la debilidad del cuerpo primero, y la enfermedad de ambos después[10]. De este modo, no queda otra cosa que concluir que el amor es una enfermedad, que debe hacernos mantener la distancia de aquellos que aman. Lo que leerá el lector del *Fedro* es que sin *Dialéctica* y sin Razón (con mayúscula), la ulterior insatisfacción es inevitable. Así Sócrates, repetimos, proporciona una argumentación más eficaz retóricamente que la de Lisias, fundada en una definición de amor a la que se ha extirpado la Razón que conduce hacia la virtud y la rectitud. Lo cual permite confundir más eficazmente al auditorio, haciéndole entender el amor como algo que conduce hacia la insatisfacción y des-equilibración de amantes, amados y de quienes los rodean.

Como veremos en su siguiente discurso, Sócrates exige descubrir aquello a lo que en verdad debemos referirnos cuando decimos «amor», lo cual exige, además de corrección retórica, rectitud y virtud, imprescindibles para el

---

9. Platón. *Fedro* en *Diálogos III. Fedón. Banquete. Fedro.* Traducción de García Gual. C. Martínez Hernandez, M. Y Lledó Iñigo, E. Gredos. Madrid. 1986. p. 336.

10. Platón. *Diálogos. Defensa de Sócrates. Critón o el deber. Fedón o del alma. El banquete o del amor. Fedro o de la belleza.* Traducción: Garriga, J. Nueva Edición. Barcelona. 1979. p. 157 y ss.

re-equilibrio Intersubjetivo[11]. Sócrates planteará una profunda denuncia a este discurso cuya mera corrección Retórica es conducido por la *Dianoia* y no por la *Episteme*. Pero, ello lo hará en el siguiente discurso y para ello necesitará descubrir su idea de alma y de Bien.

Platón aumenta la intensidad dramática del *Fedro* a partir del momento en el que Sócrates da fin a su argumentación sofista. En este momento, Platón proporciona un detalle inquietante al lector. Sócrates ha realizado todo este alegato sofista y meramente retórico con una venda en la cabeza, escondiéndose de sus palabras, para esconderse a su vez de los dioses, pues a sabiendas, está diciendo lo que en verdad no debe ser dicho, que el amor conduce indefectiblemente a la enfermedad, y que debemos mantenernos a distancia de los que aman. Sócrates se quitará la venda de la cabeza y dirá, en su segundo discurso, lo que realmente piensa acerca del amor. El amor no es un deseo aparejado a un sinfín de bajas pasiones, que hacen sufrir a los que lo padecen, ni es una enfermedad del alma, sino más bien el impulso de la sabiduría y lo que impulsa a esta.

El compromiso de Sócrates con la Verdad en general, y con Fedro en particular, le lleva a tener que producir un discurso acertado, aquel que sea un decir recto y correcto,

---

11. Dialéctica que cabe adelantar aquí que exige correctas definiciones que se realizan tras un análisis exacto de la Naturaleza, así como de un acuerdo de las ideas que se expongan entre quienes dialogan, con respecto a las cosas definidas, de donde nace el respeto que le deben y la responsabilidad que tienen, así como, por último apreciar el estado de ánimo —el amor—, que producirá esta cadena: respecto a los procesos, respeto (o no) por ellos y responsabilidad de actuar conforme a lo anterior. A las ideas se asciende en un carro alado, el carro exige metalocución, control de esta cadena argumentativa que tiene el amor como su correspondencia en el estado de ánimo.

aquel que no confunda a quien lo oiga, aunque ponga en riesgo la tierna ingenuidad de Fedro y haga desvanecerse el superficial gozo de Fedro producido por el discurso de Lisias.

EL DISCURSO DIALÉCTICO DE SÓCRATES:
LA PERFECCIÓN DEL MOVIMIENTO CIRCULAR,
LOS DIOSES, LAS IDEAS, EL ALMA

En el *Fedro*, Platón intuye una *Ciencia Pura, Divina* que, de ser alcanzada, permitiría entender las leyes del orden de lo Real, es decir, entender tanto las leyes que sobredeterminan la Naturaleza como las que sobredeterminan las cuestiones humanas. Esta intuición de una Ciencia Pura o Divina, Platón la representa mediante el modo en el que se expresaban las intuiciones de su época, un modo más cercano al Mito que a lo que desde la Modernidad entendemos por Ciencia. El *Mito del Carro Alado* representa un relato privilegiado para entender la intuición de Platón y su idea de *Ciencia Pura* o *Divina*, la *Dialéctica*. Este relato pretende desocultar las leyes de la re-equilibración y desequilibración de la comunicación, atendiendo a los intereses intrasubjetivos de los ciudadanos, el interés extra-subjetivo o el interés común de la *Polis* en interrelación con otras comunidades, sin dejar de atender la interpelación de la *Polis* y de sus ciudadanos con el más allá de los dioses.

Para Platón hay un nexo, una conjunción copulativa entre los seres humanos y los dioses. La *Ciencia Divina* o *Ciencia Pura* que pretende encontrar una solución a los problemas de re-equilibración entre sujetos, entre sujetos y objetos así como entre objetos, entre los que se fundamenta dicho nexo o conjunción entre los hombres y los dioses. Dicha conjunción la representan simbólicamente las *ideas perfectas*, ideas que participan tanto de la movilidad del mundo bajo la bóveda celeste, como de la inmovilidad de lo que se encuentra más allá de la bóveda celeste, el Mundo de los dioses. La *Dialéctica* es la *Ciencia Pura* o *Divina* capaz de tejer mediante la intelección humana las *ideas perfectas*, haciendo a los seres humanos cómplices de los dioses. Las *ideas perfectas* se descubren tras un proceso de diálogo con el que se alcanzan acuerdos o desacuerdos que dan salida a la re-equilibración intersubjetiva. Cuando dicho proceso dialógico es conducido por el conocimiento que a su vez guía la Razón y no por la mera opinión ni los instintos meramente mamíferos, entonces los seres humanos están siendo guiados por una *Ciencia Divina* o *Pura* que los conduce hacia la re-equilibración intersubjetiva, Armonía mundana que está a la altura de la Armonía divina. Las *ideas perfectas* son alcanzadas en el proceso de intelección que guía la *Dialéctica*, y para dicha intelección dialéctica es crucial el Alma. La noción de alma platónica es hilo conductor entre ambos mundos, pues el alma, antes de caer en el seno de la bóveda celeste, estaba habituada a las leyes divinas. El estatuto ontológico del Alma, divino y humano, hace posible que el ser humano provisto de ánima re-conozca el cauce y el encauzamiento, el decir y la conducta, que encauzan los re-(a)cuerdos exitosos, es decir, re-equilibrantes intersubjetivamente, entre los seres humanos entre sí, con la naturaleza o el Mundo y con el Más Allá de los dioses. Para Platón la característica fundamental de la humanidad la define el ser, que está antes y después de su nacimiento. El ser del Hombre se encuentra enlazado a la perfección inmóvil. Su caída en el móvil e imperfecto mundo bajo la bóveda celeste no impide el recuerdo de su perfección. Pero para recordar es necesario un método con el que alcanzar las *ideas perfectas*. Dicho método es la *Dialéctica*. Platón presupone poética o míticamente una posibilidad de retener y contener la continuidad entre Origen y Destino, entre la fuente inmóvil y perfecta y el cauce de la móvil e imperfecta cotidianidad mundana. La *Dialéctica de Platón* cabe ser entendida como el método capaz de entretejer la perfección divina y la imperfección mundana. Es decir, la *Dialéctica* es el modo de encauzar la intelección hacia la ascensión hasta el contorno de la bóveda celeste, donde se encuentra el conocimiento de las *ideas perfectas*, propiciado por la *Dialéctica*. Para Platón la *Dialéctica* es una *Ciencia Pura* o *Divina*, que permite alcanzar el verdadero conocimiento del Mundo. La *Dialéctica* no solo ofrece un modo de alcanzar acuerdos y desacuerdos racionales y razonables entre sujetos dirigidos hacia una re-equilibración intersubjetiva por medio del conocimiento, *episteme*, también ofrece un modo de modular del estado de ánimo hacia la Simpatía o el Amor, pues de la templanza que ofrece dicho estado de ánimo depende a su vez la contemplación del conocimiento de la Verdad, el Bien y la Belleza que ofrece la *Dialéctica*. Y viceversa, el Amor y la Simpatía dependen a su vez de la intelección precisa, del conocimiento.

Por tanto, la *Dialéctica* entendida como una *Ciencia Divina* o Pura puede interpretarse como un método, medio o guía de la re-flexión, que permite conocer el cauce hacia la re-equilibración de las cosas entre sí, de los seres humanos con respecto a las cosas, de los seres humanos entre sí y de todo ello con respecto a los dioses. A esa re-equilibración entre objetos, objetos y sujetos, sujetos y sujetos, así como sujetos y objetos con respecto a los dioses, lo estamos denominando «re-equilibración intersubjetiva». La *Dialéctica* la presenta Platón como el medio o guía o método de alcanzar la intelección del origen de los sistemas, es decir, de su fuente primordial, y además la intelección de la pro-tensión de continuidad o impulso de los sistemas en su devenir mundano dirigido hacia su Destino. El origen y el destino de los sistemas es inmutable, perfecto y divino. El devenir mundano es imperfecto y mutable. Los sistemas retienen y contienen un impulso, una pro-tensión de continuidad proveniente del origen y que los conduce en su devenir mundano hacia su Destino. La *Dialéctica* es el medio de conocimiento que descubre a los seres humanos la comunicación de los sistemas entre sí impulsados desde su origen hasta su destino. Dicho de otro modo, la *Dialéctica* proporciona la intelección del verdadero ser de la cosa. Conocer un objeto o un sujeto es saber comunicarse con él, tradicionalmente se ha dicho «saber habérselas con el objeto o sujeto». El conocimiento que resulta de la *Dialéctica* permite a los seres humanos habérselas con los objetos y los sujetos dejándoles ser lo que en verdad son o, dicho de otro modo, no impidiéndoles hacer y padecer lo que conduce su impulso desde el origen hacia su destino. Es decir, la *Dialéctica* conduce la comunicación de los seres humanos con las cosas, con otros seres humanos y con los dioses, posibilitando que intersubjetivamente alcancemos el Destino desde el Origen, la perfección de lo inmutable, el mundo del Más Allá de los dioses, pasando por la imperfección y mutabilidad del Mundo. La *Ciencia Divina* o *Pura* es un modo de estar en el Mundo teniendo en consideración el Origen y el Destino del Mundo. Platón con la *Dialéctica* se propone encontrar un método que conduzca la intelección hacia la corrección y la rectitud, hacia la intelección de la corrección de las proporciones y adecuaciones de la ida y vuelta de las señales que retienen la re-equilibración de sujetos y objetos particulares, en un dominio y recorrido intrasubjetivo o extrasubjetivo, y la intelección de la rectitud de las proporciones y adecuación de la ida y vuelta de señales que retienen la re-equilibración de los objetos y sujetos en interacción, interrelación, intercambio e interferencia con otros sujetos y objetos, en un dominio y recorrido intersubjetivo; tanto los átomos de Demócrito como las deliberaciones de la *Polis* pueden ser bien entendidas por medio de la *Dialéctica*. Cuando la *Dialéctica* conduce la intelección de los procesos de conformación de lo Real, puede hacerse comprensible un modo de re-equilibración Intersubjetiva.

Cabe interpretar que esta intuición, la construcción de la *Ciencia Pura* o *Divina* o la *Dialéctica*, ponía a Platón en contacto con una especie de sensación de cierre de círculo. Lo divino, lo humano y lo material se podían explicar en continuidad desocultando el modo de cómo comunicarnos en favor de una Armonía, donde la re-equilibración no tendiese hacia los meros intereses extra o intersubjetivos, de unas comunidades concretas o de unos individuos particulares. En la poética de Platón, el alma impacta desde lo alto en la materia, abajo, fundiéndose con ella y la *Dialéctica* es el medio de permitir que el impulso del Alma conduzca el proceder del Mundo en una re-equilibración intersubjetiva o Armonía Mundana en continuidad con la Divina. La *Dialéctica* situará a los seres humanos donde les corresponde, haciéndolos guardias y custodios del cauce que pone en continuidad origen y destino.

La reminiscencia y la transmigración del alma son dos cuestiones fundamentales en la filosofía de Platón, evocan un camino de vuelta al origen. La vuelta al origen es alcanzable en vida, pero exige eso que todos los modos de espiritualidad han designado como una muerte en vida y un renacimiento. La muerte de la opinión subjetiva pone al sujeto en contacto con el alma, capaz de transmigrar hasta las *ideas perfectas* y capaz de hacer recordar al sujeto el conocimiento profundo de lo Real. Con la muerte en vida es posible un segundo nacimiento, una salida del laberinto que supone estar abocado a la mutabilidad e imperfección del Mundo. Según Platón, la *Dialéctica* es el medio de renacer, de recordar y reconocer las *ideas perfectas* en el devenir comunicativo del Mundo; de ella depende el reconocimiento, el recuerdo de la Verdad, Belleza y Bondad de la que en realidad formamos parte y que, desde la perspectiva de la opinión subjetiva, era invisible e inaccesible. La *Dialéctica* conduce la intelección a un reconocimiento o recuerdo en vida de lo que está antes y después de la vida. La *Dialéctica* transforma el sentido íntimo, el sentido común y los cinco sentidos pues pone nuestros sentidos en continuidad con el Bien, reconduciendo el Proyecto *Polis* hacia la re-equilibración Intersubjetiva.

Como ya hemos advertido, tal y como muestra en el *Menón* Platón, no es solo Geometría o corrección lo necesario, sino conocimiento que conduzca hacia la virtud o rectitud[12].

---

12. Transcribimos aquí un resumen del Menón de F.J. Olivieri que abunda en la idea que estamos presentado enfocándonos en el *Fedro*. La pretensión de mostrar la *Dialéctica* como un procedimiento de alcanzar acuerdos que por falta de arqueología cae una vez y otra en un círculo vicioso, aun cuando la intuición es de un virtuosismo sin parangón.

«El diálogo se abre sin preámbulo alguno, con una abrupta pregunta de Menón: Me puedes decir, Sócrates: ¿es enseñable la virtud? ¿O no es enseñable, sino que sólo se alcanza con la práctica ? ¿O ni se alcanza con la práctica ni puede aprenderse, sino que se da en los hombres naturalmente o de algún otro modo? Esta triple inquisición frontal contrasta con la sosegada recapitulación de los logros alcanzados en la conversación con que se cierra el diálogo (98b-100c).

La primera parte (70a-80d) está constituida por la aclaración socrática de los requisitos que debe reunir toda respuesta al *qué es* de algo, y por los tres intentos —que no resultan satisfactorios— de ofrecer, por parte de Menón, una definición de la virtud. Sin embargo, el resultado de estas refutaciones no es por completo negativo: su cara positiva consiste en que Menón reconoce su desconcierto y admite no saber definir la cuestión. Se abre así el tránsito de la propia conciencia del no-saber al esforzado ejercicio de la búsqueda del saber.

La segunda parte (80d-100c) se articula en varios momentos. Arranca el primero con la respuesta de Sócrates a una objeción de principio que formula Menón acerca de la posibilidad del conocimiento (80d-e). Esa respuesta consta de tres pasos: una deducción de la doctrina de la reminiscencia a partir de la creencia mítica en la preexistencia y transmigración del alma (81a-82a); una demostración efectiva de esa doctrina mediante una experiencia del corte mayéutico llevada a cabo con la intervención de un esclavo (82b-85b), y una recapitulación, al final, de los resultados alcanzados (85c-86c). Los dos primeros desarrollos están admirablemente unidos: por vía mítica se deduce la reminiscencia a partir de la creencia en la inmortalidad del alma, y por medio de una constatación empírica se infiere, a partir de la reminiscencia, la inmortalidad o preexistencia del alma. Lo que era, en un principio, presupuesto mítico, con función de fundamento como dice Reale, se transforma en conclusión mediante una adecuada experiencia. Ambos desarrollos se vuelven, pues, inseparables. El segundo momento (86d-89e) intenta establecer si la virtud es enseñable, no a partir del previo conocimiento de lo que ella es, sino por un procedimiento de «hitpótesis» que permitirá arribar a conclusiones que se contrastarán con los hechos. La «hipótesis», que se apoya en los resultados del momento anterior (85c-86c), es que la virtud es un conocimiento». Si lo es, sería enseñable; pero los hechos hacen dudar de ello: si lo fuera, habría maestras y discípulos. Y, ¿quiénes son esos maestros? En el tercer momento (86e-95a) aparece la figura de Anito que, con Sócrates, tratará de precisar quiénes pueden ser efectivamente los maestros buscados.

La conclusión es clara: no sólo cualquier ateniense «bello y bueno», no es capaz de enseñar la virtud —como sugiere Anito—, sino tampoco los mejores atenienses, sus notables estadistas, han sido capaces de enseñarla a sus hijos —como muestra Sócrates—. Por tanto, los hechos llevan a afirmar que la virtud no es enseñable, o no lo parece ser, y consecutemente la «hipótesis» de que es un conocimiento no resulta adecuada.

29

Resituémonos en el Mito del Carro Alado para continuar nuestra interpretación de qué entiende Platón por *Dialéctica*. La intelección resultado de la *Dialéctica* es lo que permite al auriga ascender hasta el contorno de la bóveda celeste, lugar intermedio entre el mundo de los seres humanos y los dioses. Allí, en esa zona común a dioses y seres humanos, se encuentran las *ideas perfectas*. Las *ideas perfectas* son el destino de la reminiscencia y el reconocimiento, fundamento de toda argumentación y del verdadero conocimiento[13]. Platón, en el *Menón*, plantea que, con que haya un solo ser humano capaz de alcanzar

---

El último momento (95a-100c), apoyado en el anterior, trata de establecer de qué manera se ha dado la virtud en los hombres políticos. Y así, junto al conocimiento, hace lugar Platón a la «opinión verdadera», que se recibe como una gracia o don divino, y que, desde el punto de vista práctico, es tan útil como el conocimiento. Pero no se la enseña ni se la aprende; tampoco se la posee por naturaleza: es un don, algo exclusivo e intransferible —y no en otro lado— tiene su origen la virtud.

Nos equivocaríamos, sin embargo, si supusiéramos que ésa es la conclusión del diálogo. El pasaje 100a —sobre el final mismo de la obra— muestra la intención de Platón. La de un Platón que exhibe su rostro y se atreve a anteponerse a su maestro Sócrates. Así serán en efecto las cosas «...a menos que, entre los hombres políticos, haya uno capaz de hacer políticos también a los demás». Y ese ha de ser precisamente el que sepa sujetar las móviles figuras de Dédalo - las opiniones verdadera- y al hacerlo, las transforme en conocimiento. Sólo entonces la virtud podrá enseñarse, porque ha llegado a ser conocimiento. Y ello, nada menos, es lo que pretende el Platón que funda la Academia. Platón. *Introducción a Menón* en *Diálogos II. Gorgias, Menéxeno, Eutidemo, Menon, Crátilo*. Traducción y notas de Menón F.J. Olivieri. Gredos. Madrid. 1983. pp. 277 y ss.

13.   Esa fuerza que re-presenta el saber y el amor, y que re-equilibra Intersubjetivamente, sólo podía desplegarse, según Platón, en unos pocos hombres, a esos que podrían definirse como verdaderos filósofos y ellos serían los que en realidad podrían guiar su vida y la de los demás. Pues, solo ellos padecerían Amor y adquirirían Conocimiento. Un Amor vedado, según Platón, para los sofistas, y «para la masa de la gente «culta», para ellos, un camino más ancho y corto que es la mera Retórica», y podríamos añadir, el de la mera opinión y el del mero deseo y apetito intrasubjetivo, que en realidad no sabe lo que quiere. Jaeger, W. *Paideia: Los ideales de la cultura griega*. Fondo de cultura económica. Méjico D.F. Méjico. 2000. p. 998.

dichas ideas y volver con ellas de vuelta a lo real, bajo la bóveda celeste, y relevar la relevancia que dicho conocimiento desoculta, haciendo participar de ello a los demás, ya se conocería y se enseñaría la virtud y podría extenderse entre los seres humanos, construyendo el sendero a nuestro Verdadero Destino, la re-equilibración Intersubjetiva.

> «Soc. —No me Importa. Con él, Menón, discutiremos en otra ocasión. En cuanto a lo que ahora nos concierne, si en todo nuestro razonamiento hemos indagado y hablado bien de la virtud, no se daría ni por naturaleza ni sería enseñable: sino que resultaría de un don divino, sin que aquellos que la reciban lo sepan, a menos que, entre los hombres políticos, haya uno capaz de hacer políticos también a los demás y, si lo hubiese, de él casi se podría decir que es, entre los vivos, como Homero afirmó que era Tiresias entre los muertos, al decir de él que era el que era el único capaz de percibir en el Hades, mientras los demás eran únicamente sombras errantes. Y éste, aquí arriba sería precisamente con respecto a la virtud, como una realidad entre las sombras»[14].

Adentrémonos en el último discurso de Sócrates y en la interpretación del *Mito del carro alado*. En su último discurso, Sócrates habiéndose despojado ya de la venda que cubría su cabeza expone, por un lado, la necesidad de alcanzar acuerdos acerca de los objetos, tales como, por ejemplo, dice, objetos como el hierro y la plata, y por otro, la necesidad de alcanzar acuerdos acerca de cuestiones

---

14. Platón. *Menon* en *Diálogos II. Gorgias, Menéxeno, Eutidemo, Menon, Crátilo*. Traducción y notas de Menón F.J. Olivieri. Gredos. Madrid. 1983. pp. 336 y 337.

como lo justo[15]. La *Dialéctica* pretende conducir la sincronía y sintonía de ambas necesidades de acuerdo tan aparentemente dispares, pues de dicha sincronía y sintonía depende una recta y correcta deliberación que conduzcan los acuerdos y desacuerdos racionales y razonables entre sujetos en correspondencia con los objetos que les rodean, y así mismo en continuidad con los dioses.

Como dijimos antes, Platón concibe un dintorno, nuestro mundo, un contorno, las *ideas perfectas*, y un entorno, el mundo de los dioses. El contorno, las *ideas perfectas*, es una membrana que puede alcanzarse y atravesarse. Para ello, según la imagen poética de Platón, es necesario ascender en un carro alado que proporcione la cercanía suficiente a las *ideas perfectas*, para poder re-conocer, re-cordar aquello que conduce hacia la re-equilibración Intersubjetiva o Armonía.

En el *Mito del carro alado*, el carro es guiado por un auriga e impulsado por dos caballos. Uno de ellos, el negro, tiene la tendencia a la mera supervivencia, a saciar los apetitos básicos; el otro, el caballo blanco, tiene la tendencia hacia la sabiduría y el Bien. El auriga tendrá que manejar ambos corceles, por un lado serenando la urgencia que imponen los deseos y apetitos mundanos y por otro lado, serenando también al corcel blanco, cuando su exigencia de alcanzar las *ideas perfectas* pueda corromper el re-equilibrio corporal en instintivo.

En esta división ternaria del carro alado hay algo de una relevancia capital: La posición y disposición del auriga desde

---

15. Platón. *Diálogos. Defensa de Sócrates. Critón o el deber. Fedón o del alma. El banquete o del amor. Fedro o de la belleza.* Traducción: Garriga, J. Nueva Edición. Barcelona. 1979. p. 179.

la que se controla y sobredetermina el decir y la conducta; —esto en otro lugar lo hemos denominado «Metalocución», «Tercera Persona», «Intersubjetividad», «Subjuntividad», es decir, el proceso re-flexivo desde el que queda controlada y sobredeterminada la deliberación en transcurso, qué hacer y padecer con qué, cómo, según qué para equilibrar qué para quienes...— La Metalocución sobredetermina el vaivén locutivo, controlando lo que se dice, lo que la lingüística denomina «ilocutivo», y controlando también lo que el otro pueda entender, lo que la lingüística denomina «perlocutivo»; dicho control se hace y padece con la pretensión de hacer entender a nuestro interlocutor o *alterego* algo con la intención o proyecto de re-equilibrar algo para alguien. La *Dialéctica* exige el descubrimiento de la posición metalocutiva, la que controla y sobredetermina la re-conducción del cauce y encauzamiento del carro, caballo y auriga. Siempre nos encontramos en una relación *Ego-Alter-Alter-Ego*, una relación dialógica, en la que acordamos dialécticamente las definiciones de lo que se pretende re-equilibrar entre quienes dialogan, así como acordando también las delimitaciones del dominio y recorrido en el que se pretende re-equilibrar lo que sea para quienes sean. El diálogo dialéctico de Platón presupone la noción de metalocución, pues desde la distancia reflexiva que supone situarse en la Tercera Persona, la Subjetividad o la Intersubjetividad, los seres humanos tienen la capacidad de conducir la re-equilibración de las interrelaciones, interacciones, interferencias e intercambios entre objetos y sujetos.

«La mente de lo divino se alimenta de un entender y saber incontaminado, lo mismo que toda alma que tenga empeño en recibir lo que le conviene, viendo que, al cabo del tiempo, el ser se llena de alegría y en la contemplación de la verdad encuentra su alimento y su bienestar, hasta que el movimiento, en su ronda, se vuelva a su sitio. En este giro tiene ante su vista la justicia, tiene ante su vista la sensatez, tiene ante su vista a la ciencia, y no aquella a la que le es propia la génesis, ni la que, de algún modo, es otra al ser en otro —en eso otros que nosotros llamamos entes— sino esa ciencia de lo que verdaderamente es ser. Y habiendo visto, de la misma manera, todos los otros seres que de verdad son, y nutrida de ellos, se hunde de nuevo en el interior del cielo, y vuelve a su casa. Una vez que ha llegado, el auriga detiene los caballos ante el pesebre, les echa, de pienso, ambrosía, y los abreva con néctar.

Tal es, pues, la vida de los dioses. De las otras almas, la que mejor ha seguido al dios y más se le parece levanta la cabeza del auriga hacia el lugar exterior, siguiendo, en su giro, el movimiento celeste, pero, soliviantada por los caballos, apenas si alcanza a ver los seres. Hay alguna que, a ratos, se alza, a ratos se hunde y, forzada por los caballos, ve unas cosas sí y otras no. Las hay que, deseosas todas de las alturas, siguen adelante, pero no lo consiguen y acaban sumergiéndose en ese movimiento que las arrastra, pateándose y amontonándose, al intentar ser unas más que otras. Confusión, pues, y porfías y supremas fatigas de donde, por torpeza de los aurigas, se quedan muchas renqueantes, y a otras muchas se les parten muchas alas. Todas, en fin, después de tantas penas, tienen que irse sin haber podido alcanzar la visión del ser; y, una vez que se han ido, les queda sólo la opinión por alimento. El por qué de todo este empeño por divisar dónde está la llanura de la Verdad se debe a que el pasto adecuado para la mejor parte del alma es el que viene del prado que allí hay, y el que la naturaleza del ala, que hace ligera al alma, de él se nutre. Así es, pues, el precepto de Adrastea, cualquier alma que, en el séquito de lo divino, haya vislumbrado algo de lo verdadero estará indemne hasta el próximo giro. Y siempre que haga lo mismo, estará libre de daño. Pero cuando, por no haber podido seguirlo, no lo ha visto, y por cualquier azaroso suceso se va gravitando llena de olvido y dejadez debido a este lastre, pierde las alas y cae a tierra»[16].

En el *Mito del carro alado* Platón plantea míticamente eso que se entiende comúnmente por *Proyecto Polis* que nosotros estamos reinterpretando como la re-equilibración intersubjetiva entre el Mundo, los ciudadanos, la *Polis* y el Más Allá de los dioses. En este Mito puede leerse con claridad esa intuición de lo que venimos denominando «re-equilibración intersubjetiva»[17], y donde parece anclarse un origen común tanto de lo que luego entenderemos como conocimiento científico del Mundo como del conocimiento o intuición Teológica y que con el correr de la historia desligará completamente. Desde la perspectiva platónica, los procesos del mundo sublunar están sobredeterminados por un Orden o Armonía, que puede ser re-presentada por unas Leyes, accesibles a los seres humanos mediante la *Dialéctica*, pues ella es capaz de tejer la intelección de

16. Platón. *Fedro* en *Diálogos III. Fedón. Banquete. Fedro.* Traducción de García Gual. C. Martínez Hernández, M. Y Lledó Íñigo, E. Gredos. Madrid. 1986. p. 348.

17. Recordemos que *Fedro* es una obra de madurez de Platón. Podemos interpretar que en esta obra pretende desarrollar una panorámica de sus comprensiones e intuiciones. Sobre la polémica ya resuelta sobre la fecha de Fedro puede leerse, por ejemplo, Jaeger, W. *Paideia: Los ideales de la cultura griega.* Fondo de cultura económica. Méjico D.F. Méjico. 2000. p. 983.

lo Real a las *ideas perfectas* y dar cuenta de unas Leyes de la Naturaleza que están ligadas y sobredeterminadas por el Más Allá. Platón tiene la intuición de que es posible, por la propia constitución ontológica humana, re-presentar un Orden Legal de lo Real o unas Leyes de la Naturaleza, a la que los seres humanos pueden acceder mediante una *Ciencia Divina, Pura* o mediante la *Dialéctica*. El acceso dialéctico al profundo conocimiento de lo Real lo sobre-determina el sentido íntimo o Alma en continuidad con los cinco sentidos y el sentido común, proponiendo que el mundo sublunar se encuentra en continuidad con algo que se encuentra Más Allá. Esta intuición es la que poética-mente se muestra en el Mito del Carro Alado y esta poética impulsa las especulaciones religiosas de los siguientes 2500 años. Todas ellas pretenderán dar cuenta de dicha conti-nuidad cayendo fundamentalmente, como el propio Platón, en falacias de diferente índole como consecuencia de la inestabilidad del Método de intelección que se ha usado, pero eso lo veremos más adelante. La *Dialéctica* de Platón, su idea de *Ciencia Divina* y *Pura* es sólo intuición que no presentará formalmente sino solo poéticamente. Lo que conduce inevitablemente su propuesta a padecer inconsis-tencias lógicas, ontológicas y epistemológicas, lo que ha conducido históricamente, a presuponer un fundamento de lo Real y del Mundo, una existencia definida pero no inte-ligible, que es posible acceder a dicho fundamento, pero tanto el acceso comprensible como su expresión explicativa depende de una explicación y comprensión esotérica. Así interpretado no nos debe extrañar la excursión intelectiva que ha conducido tanto a fundamentalismos ortodoxos como a relativismos desafectados de todo orden y jerarquía, pero más adelante nos detendremos en los fundamentos de estas falacias.

No obstante, la filosofía de Platón no deja de ser la precursora de la pretensión de comprender y explicar el comportamiento de los cuerpos del mundo sublunar, sean de la índole que sean, ya sean relativos al *Quoad Se* o al *Quoad Nos*, así como de las religiones monoteístas, que pretendieron poner en continuidad Fe y Razón, pretendiendo encontrar la continuidad entre lo que hay en la bóveda celeste —el Universo— y lo que hay Más Allá[18].

Resumamos. Platón con su genial intuición, propone que la inmovilidad del ámbito divino, el Bien, la Belleza y la Verdad es accesible a la Humanidad. En los seres humanos se encuentra algo de los dioses, el *alma*, algo que opera en nosotros y que es precisamente origen de la posibilidad de la emergencia de la *Ciencia Pura* o Divina, la *Dialéctica*. La *Dialéctica* es un procedimiento que permite a los hombres acceder a las *ideas perfectas* que se encuentran en contacto con los dioses[19], porque los hombres tienen alma. Esta es la piedra angular de su teoría del re-conocimiento y la transmigración del alma.

---

18.   Son incontables las páginas dedicadas a la noción de Dios y de Bien en Platón, así como a la noción de idea. Lo que no debemos pasar por alto es que, dios no puede llegar a ser una idea, pues los dioses residen Más Allá del lugar último al que podemos acceder ubicados en el mundo sublunar. Aquello que sea Dios es una borrosidad que se plantea como condición que condiciona, pero acerca de lo cual aún no sabemos decir algo no confuso. Buena parte del judaísmo quiso así interpretar la frase «soy el que soy» Génesis 26:3 y Zacarías 8:8. Dios es la borrosidad última que fundamenta la hipótesis trascendente, desde la que entendemos el conjunto de transformaciones que permiten alcanzar la Armonía.

19.   De ahí que «en cada cosa hay un dios». El desarrollo, como decimos, puede leerse en «Libro lambda», Aristóteles, *Metafísica*. Gredos. Madrid. 2000. *Aristóteles Ética Nicomáquea*. 1998. Gredos. Madrid. Capítulo 6.

Platón expone en el último discurso del *Fedro* que el Amor es la expresión del movimiento del alma que Va y Viene del Más Allá al más Acá, guiado por las *ideas perfectas*. Este movimiento es conducido por la *Dialéctica* que ofrece a la comunicación tanto un modo de justificar la corrección de los juicios como la rectitud de los mismos. La idea de Justicia se encuentra en continuidad con el Amor, y dicha continuidad que supuestamente puede controlar el método dialéctico permite justificar la rectitud y la amabilidad de los juicios así como su corrección geométrica, aritmética y gramatical.

El núcleo de la *Dialéctica* establece, como principio, que aquello acerca de lo cual se delibera debe ser permanentemente aclarado mediante acuerdos y desacuerdos, de ahí el peligro ya advertido en el apartado dedicado a lo fijado por la escritura, en el que nos detendremos más adelante. La quietud condiciona el dinamismo de los acuerdos y desacuerdos, dicha quietud es accesible a la intimidad o el sentido íntimo, que se encuentra en continuidad con los demás y lo demás, con el sentido común y los con los cinco sentidos. Las *ideas perfectas* son accesibles a los seres humanos a medida que éstos aumentan el grado de corrección y rectitud de su intelección, y a su vez, el aumento del grado de corrección y rectitud es resultado del viaje de la intimidad a las *ideas perfectas*. En este círculo aparentemente vicioso se encuentra la intuición de Platón que sacudirá la filosofía de los próximos 25 siglos. Lo *a-priori*, Dios, es lo borroso para el entendimiento humano, pero es posible acceder a la claridad que de él emana recordando el Origen de procedencia. Este es un recuerdo que guía el alma y que conduce hasta la *Dialéctica*, con la que es posible reconocer nuestro Destino, es decir, hacer del mundo un lugar Armónico, reteniendo y conteniendo la pro-tensión de continuidad de re-equilibración Intersubjetiva[20] que parece yacer en todo sistema.

Además de fundar las nociones de ciencia y religión, Platón también funda una noción de Belleza que impactará sobre las concepciones estéticas posteriores. La noción de Belleza platónica promueve el concepto de *autopoiesis* recogido después de modo temático por el Renacimiento y la Modernidad. No somos piedras ni animales, ni siquiera hombres vulgares, cuando somos capaces de darnos cuenta[21], por medio de la *Dialéctica,* del cauce de la re-equilibración Intersubjetiva, apreciando la Belleza de la re-creación que ella entraña.

Todo este conjunto de ideas contenidas en el último discurso de Sócrates en el *Fedro* desborda completamente la idea de Amor que apreciaba Fedro en el discurso de Lisias.

20.   Visto desde otro ángulo, la relación entre *nous* y *logos* es presentada por Platón y desarrollada por Aristóteles. Con lo hasta aquí expuesto *nous*, en los filósofos griegos se refiere a aquello siempre dejado atrás en su comparecer. Eso de lo que está constituido lo real de lo real o el núcleo de lo real. *Logos* se refiere al decir que identifica aquello que comparece, aquello cuya relevancia se tematiza. El desarrollo de estos conceptos por Aristóteles se centra en la noción de entidad esfera, que será desarrollado en otro lugar, aquello que tiene autosuficiencia óntica —noética— pero insuficiencia ontológica —relativa al decir y al concebir—.

21.   Sobre esta idea de autopoiesis, véase Atencia, J. *Parar el mundo. Una invitación a la contemplación*. Devenir. Madrid. 2015.

LA JERARQUÍA DE LOS SERES

Cambiemos el ángulo y veamos la propuesta de Platón desde su idea de jerarquía de los seres. Los seres humanos quedan en la cúspide de una jerarquía de los seres. Pero, no todo ser humano por ser nacido de vientre de mujer se encuentra en semejante estatuto. Debe aprender, desde su nacimiento hasta su muerte, a estar a la altura de su jerarquía ontológica. Como señala Jaeger, sin el desarrollo de las capacidades del espíritu, ni el orador ni el escritor pueden mostrar la verdadera fuerza de convicción. En el *Fedro,* Platón pretende dejar sentadas las exigencias de su *paideia*[22].

La novedad del pensamiento platónico frente al pre-platónico radica en su pretensión de encontrar la Armonía —re-equilibración Intersubjetiva— mediante el conocimiento de las Leyes de la Re-quilibración, ya sea en el mundo natural, el mundo de la *Polis,* así como la relación entre estos y el mundo de los dioses. Como acabamos de ver, en el *Fedro,* Sócrates propone un método para realizar aquello que los dioses han propuesto y que aún no hemos sabido inteligir, reconocer, recordar, reimpulsar, hacer y padecer. La poética del *Mito del carro alado* impulsa la persecución

---

22.   Jaeger, W. *Paideia: Los ideales de la cultura griega.* Fondo de cultura económica. Méjico D.F. Méjico. 2000. p. 986.

de una utopía donde puede hacerse congruente Conocimiento y Mitología o Religión[23].

Para Platón, ya era evidente no solo la relación causa-efecto, sino también la relación principio-consecuencia; eran conocidas las leyes que gobernaban la naturaleza: al igual que se tenía conocimiento suficiente de la relación entre Geometría y Aritmética. Todo ello era suficiente como para intuir que el Mundo ante nosotros y nosotros mismos no es resultado del capricho incongruente de los dioses. Platón, antes que Aristóteles, se enfoca en la noción de movimiento para reconocer la diferencia entre las cosas inertes y las cosas vivas. Los seres vivos tienen un toque divino que les permite escoger el sentido de su movimiento[24], lo cual le está negado a los inertes. Así mismo, Platón diferencia entre los seres humanos y el resto de seres vivos, pues los seres humanos tienen la disposición a comprender y explicar la Verdad, lo cual le está negado al resto de seres vivos. Cualquier ser humano tiene esta disposición y así lo demuestra en el *Menon*, haciendo a un esclavo, supuestamente ignorante, demostrar el Teorema de Pitágoras. Platón también diferencia entre los seres humanos dispuestos a conducir la vida hacia el Bien y los que no están dispuestos; igualmente hay seres humanos capaces de conducir la vida de modo dialéctico y otros que no. El re-equilibrio armónico,

23. Una continuidad aún no clarificada después de 25 siglos. No hay la más mínima constatación de que haya un medio de ponernos en contacto con el Más Allá de la re-presentación, a no ser que alterando la percepción de un modo que no puede dar noticia del contacto o de la continuidad más que por medio de Relatos Mitológicos, Teológicos o Religiosos.

24. Platón. *Fedro* en *Diálogos III. Fedón. Banquete. Fedro*. Traducción de García Gual. C. Martínez Hernández, M. Y Lledó Íñigo, E. Gredos. Madrid. 1986. «De dónde le viene al viviente la denominación de mortal e inmortal». p. 345 y ss.

«intersubjetivo» decimos nosotros, que puede establecerse entre los seres humanos, depende de estos últimos, de los mejores, de aquellos capaces de conducir tanto su propia vida como la de la *Polis* mediante la *Dialéctica*. Estos serán los seres humanos de oro, los filósofos.

> «Querido Alcibíades, parece que realmente no eres un tonto, si efectivamente es verdad lo que dices de mí y hay en mí un poder por el cual tú podrías llegar a ser mejor. En tal caso, debes estar viendo en mí, supongo, una belleza irresistible y muy diferente a tu buen aspecto físico. Ahora bien, si intentas, al verla, compartirla conmigo y cambiar belleza por belleza, no en poco piensas aventajarme, pues pretendes adquirir lo que es verdaderamente bello a cambio de lo que lo es solo en apariencia, y de hecho te propones intercambiar «oro por bronce». Pero, mi feliz amigo, examínalo mejor, no sea que te pase desapercibido que no soy nada. La vista del entendimiento, ten por cierto, empieza a ver agudamente cuando la de los ojos comienza a perder su fuerza, y tú todavía estás lejos de eso»[25].

Como resultado de su Ontología y Epistemología, Platón propone una jerarquía de los seres. Aquellos que son capaces de conducir su conducta y su decir con la *Dialéctica* son aquellos capaces de guiar la tensión de los corceles para, poder así, ascender el vuelo y mantener la vida mortal en contacto con los dioses, encontrando una continuidad entre Origen y Destino. Quizá no será posible hacer y

---

25. Platón. *Fedón. Banquete. Fedro*. Traducción de García Gual. C. Martínez Hernandez, M. Y Lledó Iñigo, E. Gredos. Madrid. 1986. «De dónde le viene al viviente la denominación de mortal e inmortal». p. 277.

padecer como hacen y padecen los dioses, pero será posible volar tan alto como para captar las *ideas perfectas*. Las *ideas perfectas*, como ya se ha expuesto, no serán otra cosa que el resultado de un proceso dialéctico; un proceso que parte, por un lado, de la exigencia de un análisis exacto de la Naturaleza, de ser capaz de tener una perspectiva geométrica de lo Real, es decir, capaz de pasar de lo particular a lo general y de lo general a lo particular; y por otro lado, de guiar los acuerdos y desacuerdos hacia una satisfacción o re-equilibrio intersubjetivo, recto, virtuoso y que no tome por bueno lo malo, es decir, que no acepte la desconsideración del prójimo como una posibilidad[26].

26. Cabe detectar la continuidad entre Platón y Marco Aurelio en este punto. No consumas la parte de la vida que te resta en hacer conjeturas sobre otras personas, de no ser que tu objetivo apunte a un bien común; porque ciertamente te privas de otra tarea; a saber, al imaginar qué hace fulano y por qué, y qué piensa y qué trama y tantas cosas semejantes que provocan tu aturdimiento, te apartas de la observación de tu guía interior. Conviene, por consiguiente, que en el encadenamiento de tus ideas, evites admitir lo que es fruto del azar y superfluo, pero mucho más lo inútil y pernicioso. Debes también acostumbrarte a formarte únicamente aquellas ideas acerca de las cuales, si se te preguntara de súbito: «¿En qué piensas ahora?», con franqueza pudieras contestar al instante: «En esto y en aquello», de manera que al instante se pusiera de manifiesto que todo en ti es sencillo, benévolo y propio de un ser sociable al que no importan placeres o, en una palabra, imágenes que procuran goces; un ser exento de toda codicia, envidia, recelo o cualquier otra pasión, de la que pudieras ruborizarte reconociendo que la posees en tu pensamiento. Porque el hombre de estas características que ya no demora el situarse como entre los mejores, se convierte en sacerdote y servidor de los dioses, puesto al servicio también de la divinidad que se asienta en su interior, todo lo cual le inmuniza contra los placeres, le hace invulnerable a todo dolor, intocable respecto a todo exceso, insensible a toda maldad, atleta de la más excelsa lucha, lucha que se entabla para no ser abatido por ninguna pasión, impregnado a fondo de justicia, apegado, con toda su alma, a los acontecimientos y a todo lo que se le ha asignado; y raramente, a no ser por una gran necesidad y en vista al bien común, cavila lo que dice, hace o proyecta otra persona. Pondrá únicamente en práctica aquellas cosas que le corresponden, y piensa sin cesar en lo que le pertenece, que ha sido hilado del conjunto; y mientras en lo uno

Pero, repetimos, la *Dialéctica* de Platón no expone un cálculo mediante el cual podamos ir, paso a paso, como el ignorante del *Menón*, haciendo uso de dicho cálculo. Eso Platón sólo lo hace con un teorema matemático, no con la propia *Dialéctica*. Podríamos decir que la inteligencia de Sócrates, en sus diálogos, muestra modélicamente el proceder Dialéctico pero Platón no expone temáticamente el Método de la *Dialéctica* de modo que pueda ser aprendido y puesto en marcha por su lector. En los diálogos, Platón con la conducta y el decir de Sócrates muestra con fecundidad cómo ante un problema o un conflicto hay un camino hacia una solución o éxito de la re-equilibración intersubjetiva o Armonía. Pero no hace explícito un cálculo un método, que permita a otros realizar lo que el propio Sócrates realiza. Sócrates conduce su vida con corrección y rectitud y anima a los demás a hacer lo mismo, pero para ello pareciera que habría que tenerlo a él, al menos de copiloto, de nuestro propio carro alado. Platón no presenta tal cálculo o método que nos permita a nosotros mismos ser autónomos en dicho pilotaje. En el modo de dialogar de Sócrates se hace obvia la impostura en el decir de aquellos que no saben dialogar conduciendo su decir y su conducta con la *Dialéctica*, mostrando con crudeza que quienes, aún

cumple con su deber, en lo otro está convencido de que es bueno. Porque el destino asignado a cada uno está involucrado en el conjunto y al mismo tiempo lo involucra. Tiene también presente que todos los seres racionales están emparentados y que preocuparse de todos los hombres está de acuerdo con la naturaleza humana; pero no debe tenerse en cuenta la opinión de todos, sino solo la de aquellos que viven conforme a la naturaleza. Y respecto a los que no viven así, prosigue recordando hasta el fin cómo son en casa y fuera de ella, por la noche y durante el día, y qué clase de gente frecuentan. En consecuencia, no toma en consideración el elogio de tales hombres que ni consigo mismo están satisfechos. «Libro III, Meditación 4». Marco Aurelio. *Meditaciones*. Gredos. Madrid. 2014. p. 72.

creyendo saber cómo guiar su vida y la de los demás hacia la re-equilibración Intersubjetiva, en verdad no lo saben. Lisias en el Fedro es un ejemplo entre otros. Dado el tiempo transcurrido entre la propuesta de Platón y nuestros días es evidente que ni siquiera los ciudadanos cultos tienen la capacidad de conducir su conducta y su decir de modo análogo a Sócrates, pues no son capaces de acercarse a ese límite entre el mundo sublunar y el mundo de los dioses, es decir, a las *ideas perfectas*, usándolas como núcleo de sus argumentos y su estado de ánimo, así como poniendo en marcha ese método que es la *Dialéctica*. Los diálogos de Platón no han consolidado una educación eficaz en eso que él poéticamente trató de mostrar en su obra. Como señala Jaeger en *Paideia*[27], «la masa de la gente «culta» toma un camino más ancho y más cómodo, e inmensamente más alejado de la membrana que pone en contacto a los hombres con los dioses, la Retórica».

Platón no presenta Teoría ni Cálculo ni Método que permita a cualquier ser humano apropiarse de las pautas del Método Dialéctico, este deficit puede empujarnos a pensar que la capacite de re-equilibración intersubjetiva de los seres humanos es resultado de un arbitrario o enigmático designio divino. Dicho de otro modo, puede parecernos que la consideración elitista de Platón cuando presupone unos poderes mayores en unos seres humanaos para encontrar salidas a los problemas y los conflictos dirigidos a una re-equilibración intersubjetiva es la consecuencia de algo así un designio divino, o de una Gracia.

27. Jaeger, W. *Paideia: Los ideales de la cultura griega*. Fondo de cultura económica. Méjico D.F. Méjico. 2000. p. 998.

Sea como sea, aquellos que alcanzan eso que él considera ser filósofo, capacidad de guiar su conducta y su decir, así como la de la *Polis* hacia la re-equilbración Intersubjetiva, quedan en lo más alto de la jerarquía entre los seres humanos. Por debajo de los filósofos, Platón dispone una categorización según la pasta de la que están hechos los hombres, suponiendo o creyendo que dicha pasta es lo que les otorga la capacidad y posibilidad hacer y padecer lo que hacen y padecen[28]. Adviértase que Platón no toma al ser humano como si este fuese una raza en sentido moderno, cuya potencialidad es idéntica a todos ellos por igual. Lo que sobredetermina o infradetermina el estatuto humano es la intelección que permite al ser humano ser vehículo entre los dos mundos siendo otorgada por los dioses de modo pseudoarbitrario. Nosotros al menos no alcanzamos a comprender cómo lo hacen.

En cualquier caso, la intelección más excelsa y el estado de ánimo que la acompaña, el Amor, es el resultado de una comunicación exitosa entre aquellos seres humanos que, habiendo sido tocados por los dioses, además, ponen en proceso la *Dialéctica*. Algunos seres humanos son tocados por los dioses, pero sin su propio esfuerzo, el que exige la *Dialéctica*, no es posible alcanzar la posición de guía del *Proyecto Polis*, guardas y custodios de la re-equilibración de la que forman parte.

Para Platón, aquellos seres humanos que no tienen el toque divino o no tienen la capacidad de dialéctica deben

---

28. Una aproximación topológica, arqueológica, lógica y epistemológica a la comunicación permite comprender que todo se encuentra en una relación efecto-afecto-afecto-efecto, y es la re-equilibración de esa relación lo que constituye el artefacto que denominamos «cuerpo» o «masa».

subordinarse a los verdaderamente dialécticos, por su propio bien y el de todos, pues si fuésemos dirigidos por quienes no son dialécticos, debemos saber que no podrían conducir su decir y su conducta hacia la re-equilibración Intersubjetiva. Los seres humanos, supuestamente tocados por los dioses, capaces de comprender la Armonía con el estado de ánimo adecuado a ella, el Amor, son quienes respetan los acuerdos, las ligazones y ob-ligaciones de las cosas, los ciudadanos y los dioses. Esto a su vez, confiere a los mejores ciudadanos la responsabilidad de mantener la continuidad en la comunicación re-equilibrada y armónica, próspera y felicitante entre todos y todo. Mientras que los seres humanos incapaces de poner marcha la *Dialéctica* deben ser, simplemente, una constante paramétrica de las funciones de comunicación que establecen aquellos que son verdaderamente capaces, los filósofos. La *Dialéctica* de Platón define simbólicamente el camino hacia una República ideal, utópica, donde la comunicación atiende con exactitud a la naturaleza de las cosas, así como al control de la deliberación en continuidad con el Amor, expresión del respeto y la responsabilidad que merece la Armonía o la Re-equilibración entre Origen y Destino.

DE PLATÓN A LA ACTUALIDAD

La sofística en nuestros días continúa vigente, induciendo una confusión que hace inmanejable, como diría Platón, la conducción del carro alado por parte del auriga. Dicho de otro modo, no hay ningún método que guíe el discernimiento hacia la re-equilibración Intersubjetiva. El criterio de relevancia termina sujetándose a las opiniones —doxa— y a las emociones —apetitos e instintos— y no a la Dialéctica y al Amor. De modo que, después de 25 siglos, el poder de la decisión recae en aquellos que puedan hacer del argumento más débil el argumento más fuerte y viceversa. Lamentablemente, carecemos todavía de un método cuya pedagogía permita a cualquier ser humano llegar a ser dialéctico, por más intenciones que de ello han tenido algunos de los filósofos más ilustres de la Historia ya mencionados al principio.

El inicio de una nueva Retórica en continuidad con su *Dialéctica*, capaz de permitir el acceso a acuerdos satisfactorios a la altura de las *ideas perfectas* y de los dioses, Platón lo quiso ver en la Retórica de Isócrates[29]; después de Isócrates ha habido muchas propuestas de «Nuevas Retóricas», pero sin éxito evidente. Platón señala la importancia para la humanidad de la puesta en marcha de dicho proyecto,

---

29. Jaeger, W. *Paideia: Los ideales de la cultura griega.* Fondo de cultura económica. Méjico D.F. Méjico. 2000. pp. 984 y 985.

pero la señal sigue ahí, enseñando más una carencia que una completitud. El auriga con su metalocución dialéctica sigue sin saber bien qué identifica y por qué, cuál es la relevancia de lo que identifica y cómo justificarla. Lo único que tenemos es un conocimiento que pretende rellenar la ignorancia con respecto a muchos procesos, temas y presupuestos, así que seguimos como en la época de Platón, careciendo de una *Lógica Sinóptica*, una *Lógica Dramática* que nos permita poner al servicio de una comunicación eminente todo el conocimiento adquirido.

Digámoslo por última vez, Platón pretendió mostrar la vía de acceso al control de la deliberación, sea esta acerca de lo que sea. Advirtió que para ello precisamos de las herramientas de la Retórica, por ejemplo; la detección de los indicios y conocimientos estadísticos y probabilísticos, cómo llevar a cabo una refutación y una contrarefutación y saber detectar alusiones encubiertas, elogios y reproches indirectos[30]. Pero también advirtió que no es la mera Retórica la que permite adquirir la posición metalocutiva que conduce hacia la re-equilibración Intersubjetiva, también es necesaria la Virtud.

Aquí proponemos que Platón está descubriendo lo que nosotros denominamos «Campo Semiótico», el campo de las señales que pueden ser controlado mediante un método análogo lo que Platón intuye con *Dialéctica* o *Ciencia Divina* o *Pura*, más adelante en la noción de Campo Semiótico.

---

30. Despúes de Platón, desde Aristóteles hasta la gramática de Greimass, se aumentará la precisión y la densidad de la Retórica. Proponiendo cuestiones retóricas fundamentales, la estructura misma de relato, que exige comprender el enlace, el lazo y el desenlace que genera la trama que teje la materia del tema, en una escena con unos actores.

Platón es un explorador que arriba a un nuevo continente y que deja en su obra el *Fedro* el primer esbozo acerca de la comunicación eminente. Ahí dejó el proyecto que le proponía Platón a la Humanidad y por lo que es comprensible la cita de Whitehead cuando dice que la historia de la filosofía son notas a pie de página de la obra de Platón. Podemos decir que hemos necesitado 2500 años para encontrar un método —metacientífico— que nos permita reconocer, con meridiana distinción, aquellos procesos acerca de los cuales no hay duda posible. Todos los procesos pertenecientes al *Quoad Se* están suficientemente clarificados como para no impedir acuerdos o desacuerdos Intersubjetivos. Es tiempo ya de plantarnos y volver a reflexionar sobre la intuición propuesta poéticamente por Platón. Y no dejar de hacerlo hasta descubrir un verdadero Método del que resulte una capacidad de control de la deliberación hacia la cooperación y que conduzca una comunicación amorosa y simpática, Intersubjetiva, es decir, hacia la re-equilibración Intersubjetiva.

SEGUNDA PARTE:
LA INTERPRETACIÓN DE LA ARGUMENTACIÓN
DE SÓCRATES EN EL FEDRO

EL CAMPO SEMIÓTICO:
EL PROBLEMA PROPUESTO POR PLATÓN

La interpretación que aquí se propone sobre el *Fedro* de Platón permite entender a Platón como el primer explorador del Campo Semiótico.

Denominamos «Campo Semiótico» al campo donde tiene lugar la re-equilibración de la comunicación de las señales, ya sean estas re-presentadas por los considerados campos gravitacional, electromagnético, nuclear o por cualquier otro medio de representación simbólico. Es decir, en el Campo Semiótico tienen lugar tanto las interacciones atómicas más elementales, como las que transcurren en el tribunal supremo o en una discusión doméstica. Lo denominamos «Campo Semiótico» siguiendo la etimología usada hasta ahora para hacer referencia, por un lado, con «campo», a zona, bulto, ámbito, topología de interacciones, y por otro, con «semiótico», al conjunto de señales que van y vienen y convienen, en las que pueden reconocerse unas leyes que gobiernan la conformación de un sistema. Planteamos como hipótesis que el Campo Semiótico es un entorno de interferencia, interacciones, interrelaciones e intercambios cuyo comportamiento puede representarse y calcularse[31].

---

31. Lo cual no implica, la ingenuidad que representa plantear, desde posiciones idealistas o materialistas radicales, la posibilidad de alcanzar a una formulación positiva que permita determinar de modo último el devenir de lo

En las siguientes páginas plantearemos de modo aun más demostrativo que Platón es el primer explorador eminente del Campo Semiótico, pues es él quien, por primera vez, se propone el proyecto de explicar y comprender las leyes de las que resulta la re-equilibración, proponiendo una eminente re-presentación de la presencia. Platón se propone encontrar una *Ciencia Pura* o *Divina* que desoculte las leyes que sobredeterminan los procesos, las cosas, los sistemas, su conducta, la presencia, y el decir, la re-presentación, en cooperación con la voluntad de los dioses. Dicho de otro modo, con la *Dialéctica*, Platón propone un Método de re-presentación de la re-equilibración. Dicho Método se propone re-presentar por un lado, lo que hay bajo la bóveda celeste, es decir, las interrelaciones entre objetos, las interrelaciones entre sujetos y objetos y las interrelaciones entre sujetos (que se encuentran inevitablemente en interacción con objetos), y por otro lado, la interrelación de los sujetos y objetos con lo que hay Más Allá de la bóveda celeste.

Dos mil quinientos años después de este importante hallazgo hemos conseguido realizar descripciones muy exactas de la Naturaleza. Se han descubierto los campos de interacción de los procesos de la Naturaleza, pero seguimos sin noticias de las leyes del Campo Semiótico, es decir, de una re-presentación de las leyes que gobiernan la ida y vuelta de señales en una continuidad topo-arqueológica entre *Quoad Se* y *Quoad Nos*, es decir, entre la Naturaleza y la Humanidad. El Campo Semiótico, tal y como lo planteamos

---

Real; pues como veremos el Campo Semiótico es el resultado de un zigzagueo no determinista.

en el Modelo que una obra que publicará esta misma editorial próximamente, incluye todos los demás campos, y sus leyes sobredeterminan las leyes re-presentadas en el resto de campos de interacción. Dicho de otro modo, hasta ahora, tan solo hemos sido capaces de re-presentar los sistemas como el resultado de idas y vueltas de señales, acotando los sistemas y su señales en campos y subcampos de interacción, representados por disciplinas y subdisciplinas sin continuidad entre ellas, pues no se reconoce la continuidad entre dichos campos de interacción. Con lo que la solución a los problemas, inevitablemente, se reduce a lo que las leyes de cada uno de dichos campos y disciplinas nos puedan ofrecer. Además, los problemas de la cotidiana realidad parecen no pertenecer a campo alguno, y sus soluciones parecen considerarse, por el común de las personas del mundo entero, resultado, más de un caótico libre albedrío, que de un orden que podamos controlar o sobredeterminar. Todo ello conlleva a que continuemos siendo indiferentes, después de 2500 años, a la distinción entre opinión —*doxa*— y conocimiento —e*písteme*—, impidiendo una comunicación eminente entre las diferentes disciplinas dedicadas a los diferentes campos de interacción, así como entre los seres humanos y su entorno. Aún hoy día, se sigue usando el lenguaje en favor de los intereses del orador. Todavía no hemos logrado comprender la transcendencia de dialogar cooperativamente en favor de una re-equilibración intersubjetiva, así como tampoco comprendemos la necesidad de construir un *Modelo* o *Theoria* que permita conducir los acuerdos y desacuerdos de modo irracional, racional y razonable.

Es cierto que, desde Platón, ha habido exploraciones de lo que nosotros denominamos «Campo Semiótico» dignas de mención, empezando quizá, por la *Nueva Retórica* que ya quería ver Platón en Isócrates, como continuidad a su propio proyecto, la obra de Aristóteles, con su estudio de la Metafísica, su Lógica y su Ética; Santo Tomás, con su pretensión de encontrar sintonía entre fe y razón; Ramón Llul, con su engranaje entre naturaleza y sociedad: o Leibniz, que tenía la pretensión de calcular la solución a todos los problema retrotrayéndolos a una Armonía Pre-establecida, desde la que, según él, se pudiera discernir la solución a todo problema, siendo de la índole que fuera, mediante un cálculo. Así, se hizo famosa su frase: «Si hay un problema —decía— sentémonos y calculemos». También en la gramática de Port Royal, en Chomsky y en Habermas, por decir algunos otros. Pero, hasta la propuesta de nuestro Modelo, seguimos sin plantearnos ni siquiera una posible re-presentación de las leyes de ese Campo Semiótico y, por tanto, sin la pretensión de definirlas. La argumentación, la deliberación que conduce hacia la cooperación de la que resultara la re-equilibración Intersubjetiva sigue siendo, hasta nuestro Modelo, un resto incontrolado de la interrelación humana. Después de 25 siglos, seguíamos sin noticia, ni siquiera sin una enérgica pregunta, sobre la posibilidad de controlar con corrección y rectitud la conducta y el decir en favor de la re-equilibración Intersubjetiva de los seres humanos en su entorno. Es decir, toda incipiente intelección Intersubjetiva, que ha pretendido conducirnos hacia el descubrimiento del Campo Semiótico y hacia la justificación de sus leyes, emergiendo en diferentes momentos y lugares, ha terminado decayendo en la mera pre-tensión de continuidad de la re-equilibración en un dominio y recorrido extrasubjetivo o intrasubjetivo de una concreta comunidad o de unos concretos individuos, y no la re-equilibración de individuos y poblaciones en un dominio y recorrido Intersubjetivo. La sensación que tiene quien escribe estas páginas ante la contemporaneidad es que nos encontramos paralizados ante un postulado de impotencia. Es decir, parece que aceptamos, de modo más o menos consciente, que es imposible encontrar campo alguno tan eminente, y menos aún, unas leyes que lo sobredeterminen. Sobrevuela en la mentalidad contemporánea el presupuesto, que parece inamovible, de que todo intento de establecer una investigación acerca de lo que denominamos «Campo Semiótico» es una pérdida de tiempo y energía o, la pretensión de una delirio racionalista que sólo derivará en la creación de monstruos descarnados. Sin embargo, ya veremos que no.

En este texto, tan solo estamos poniéndonos en continuidad con la tradición, haciendo de la obra de Platón un origen de eje de coordenadas que nos permitirá entender lo Real. Planteamos que la obra de Platón pretende mostrar que no debemos delimitar *a priori* una disciplina concreta con la que poder encontrar la solución al problema, más bien, Platón nos propone poner todas las disciplinas al servicio de la posible solución. Para ello, debemos encontrarnos fuera de toda disciplina pero con la capacidad de poder hacer uso de cualquiera de ellas. Ese «estar fuera» de las disciplinas con capacidad de hacer uso de cualquiera de ellas, con el fin de alcanzar acuerdos y concordancias intersubjetivas, se denominará en la Antigua Grecia «Filosofía». Como hemos anunciado al principio, en estas páginas nos disponemos a desvelar cómo Platón pretendió, con todas las herramientas semióticas a su alcance, explorar lo Real, dando noticias de la posible existencia de algo que nosotros hemos denominado «Campo Semiótico» y de unas leyes que lo sobredeterminan. Con este texto queremos reconocer que fue él quien comenzó una investigación eminente sobre la re-equilibración Intersubjetiva; planteando la posibilidad de la existencia de un Modelo o Teoría que permitiese detectar y estimar, evaluar y valorar el grado de corrección y rectitud de la intelección del mundo. A este planteamiento de Platón, más intuitivo que explicativo, es a lo que nosotros hemos dado cierre demostrativo en la obra por publicar en esta editorial a la que ya hemos aludido, que propone tanto un Método de Demostración como la Demostración del Método. Es decir, con nuestra interpretación de Platón pretendemos hacer al lector cómplice de nuestra perspectiva, dejándole ver nos mantenemos en continuidad con una antigua tradición; pero para mostrar la sintonía entre nuestro proyecto y el de Platón hemos tenido que mostrar la relevancia de ciertos filosofemas de su obra, sonsacándolos entre otros y dándoles lustre, de modo que pueda leerse en su obra de modo claro lo que nosotros hemos denominado «Campo Semiótico».

De modo introductorio diremos que, particularmente, en el *Fedro*, se presenta la posibilidad de des-ocultar —*aletheia*— el significado del significado mediante la *Dialéctica*. Platón propone en el centro de su investigación la pregunta acerca del sentido señalando la importancia del significado de los signos. Re-presentamos la Realidad con signos, que significan señales que nos enseñan cómo retener y contener la re-equilibración. Los sujetos son cauce y encauzamiento de la re-equilibración, es decir encauzan la re-equilibración mientras ellos mismos son resultado y por tanto cauce de una re-equilibración en marcha. Nuestra conducta así como nuestro decir (lo que habitualmente etiquetamos como *ducere-dictum*) conducen la re-equilibración de sujetos y objetos, que ambos son el resultado de un conjunto o de una serie de interrelaciones inferenciales (*infieri*) *que se re-presentan como factum*. Para Platón, como para nosotros, no todos los cauces y encauzamientos tienen como destino la re-equilibración Intersubjetiva de un estado de relaciones y cosas, cuyo correlato es el estado de ánimo de la Simpatía y/o el Amor. Por ello, advierte, es deber de los seres humanos re-conocer su Origen y su Destino, pues ello es en realidad la sabiduría, y en nuestro ímpetu por alcanzarla se expresa nuestro Amor por ella. Los sabios, por tanto, son guías del camino, de la conducta y el decir hacia dicho Destino que reconocen en continuidad con su Origen, pues son capaces de alcanzar el conocimiento de la continuidad entre ambos, y tienen la Simpatía de mostrar su concordancia de modo que los seres humanos puedan y tengan a bien atender a ello, escuchándolos y dialogando con ellos. La palabra de los sabios —dice Platón— para el hombre griego, no debe ser desdeñada. Muy al contrario, es su sentido el que debemos adivinar[32]. Platón propone la *Dialéctica* como cauce y encauzamiento hacia lo que nosotros hemos denominado «re-equilibración Intersubjetiva», pero él no ofrece un cálculo, un algoritmo o Modelo suficientemente claro, ni tampoco exposición de unas leyes que lo sobredeterminen, pues la situación del conocimiento en ese momento estaba aún lejos de poder impulsar dicha posibilidad de re-presentación. Tampoco ofrece una

---

32. Platón. *Diálogos. Defensa de Sócrates. Critón o el deber. Fedón o del alma. El banquete o del amor. Fedro o de la belleza.* Traducción: Garriga, J. Nueva Edición. Barcelona. 1979 p. 373.

Ontología que no caiga en petición de principio, ni una Epistemología que permita comprender topo-arqueológicamente el cauce y encauzamiento de lo Real y, por tanto, su Teología propone una continuidad entre Origen y Destino y una continuidad entre el Más Allá y lo Real fundada fundamentada en lo que denominamos habitualmente com Mito. Pero, todas estas carencias no debilitan la potencia de la propuesta, intuitiva, de Platón. Aún con todas las deficiencias, Platón ofrece una intuición sin parangón en la Historia del Conocimiento que conduce tanto las posteriores hipótesis trascendentes como las inmanentes.

La situación de la ciencia del siglo XXI ha ofrecido las condiciones de posibilidad para que pueda proponerse un Modelo como el nuestro, que sí permita desvelar la conducta y el decir hacia la re-equilibración Intersubjetiva del estado de relaciones y de cosas, con el estado de ánimo de la Simpatía o el Amor con resulta de dicha pretensión de desviación. Dicho Método propone poner el conocimiento adquirido por la Humanidad al servicio de los problemas y conflictos a los que esta se enfrenta, tanto en su más trivial e informal cotidianidad, como en la más formal y decisiva re-presentación de lo Real, sin tener que circunscribir la posible solución de un problema en el seno de una disciplina particular.

Fedro, su última obra, cabe ser leída como la presentación resumida de la intuición de la existencia del Campo Semiótico, lo que supone, ni más ni menos, el hallazgo más importante realizado desde el Neolítico, pues de su hallazgo resulta la posibilidad y la capacidad de aumentar el grado de corrección y rectitud en la conducta de los seres humanos, lo que conduce a aumentar el grado de eficacia y eficiencia en la re-equilibración en un dominio y recorrido cada vez mayor hasta alcanzar el dominio y recorrido Intersubjetivo. Aunque esta intuición no alcance aún la categoría de *Eminenter*, la grandeza del hallazgo intuitivo de Platón radica en su anuncio de la posibilidad de realizar un cambio de ángulo en la lectura de los acontecimientos, planteando que es posible la cooperación con el resto de los seres o sistemas del mundo, así como con los que habitan Más Allá de la bóveda celeste, con Amor y Simpatía. En su noción de *Dialéctica* es donde nosotros queremos leer su interés por alumbrar los hechos, las cosas, los entes como resultado de la comunicación y no al revés, la comunicación como resultado de los entes. Platón plantea la posibilidad de construir un medio de retención y contención de la re-equilibración entre la *Polis*, sus ciudadanos y los dioses. El medio o el procedimiento de dicha construcción es la *Dialéctica*. Es decir, la *Dialéctica* de Platón pretende ser el medio de control o sobredeterminación intelectiva de la comunicación en curso. Platón propone una *Ontología* y una *Teoría del Conocimiento*, una *Lógica* con la que le parece que es posible calcular la legitimidad de los juicios, una *Ciencia Divina* o *Pura*[33] con la que conducir la comunicación sin falacias, aumentando el grado de corrección y de rectitud; además dicha Ontología y Epistemología se presentasen continuidad con una Teología, descrita poética o míticamente, donde se pretende exponer exponiendo que

---

33. Platón. *Diálogos. Defensa de Sócrates. Critón o el Deber. Fedón o del Alma. El banquete o del Amor. Fedro o de la Belleza*. Traducción: Garriga, J. Nueva Edición. Barcelona. 1979. p. 165. *Platón, Diálogos III. Fedón, Banquete, Fedro*. Gredos. Madrid. 1986. pp. 348 y 349.

existe una continuidad congruente entre el Más Allá de la bóveda celeste, la Humanidad y el Mundo.

Las carencias de la obra de Platón antes mencionadas son arrastrados en toda la Historia del Conocimiento, hecho que debiera hacernos admirar su obra. Hemos observado que su intuición queda expuesta sumariamente en el *Fedro*, allí podemos leer más que una exposición exhaustiva de dicha *Ciencia Pura* o *Divina*, en la que pudiera residir el fundamento de la re-presentación de un Cálculo, Modelo o Algoritmo de la Comunicación, una celebración de un hallazgo. Por ello, la textualidad de *Fedro* es más poética que científica o normativa.

«Ningún poeta ha celebrado nunca la región que se extiende bajo el firmamento; ninguno la celebrará jamás dignamente. He aquí sin embargo lo que hay. Porque si siempre ha de tenerse el valor de decir la verdad, es mayor obligación cuando se habla de la Verdad. Solamente la inteligencia, guía del espíritu, puede contemplar la esencia sin color, sin forma e impalpable; en torno de la esencia está la morada de la ciencia perfecta que abraza toda la verdad. Ahora bien, el pensamiento del dios se nutre de inteligencia y de ciencia pura, como todo espíritu ávido de alimento que le conviene se regocija al volver a ver, por fin, el Ser en sí de que estaba privado hacía tanto tiempo, se nutre con delicia en la verdad que se descubre a su vista, hasta que el movimiento circular le vuelve al punto del que había partido. Durante esta revolución contempla la justicia y la sabiduría en sí; la ciencia en sí, no la ciencia sujeta a cambio y que se muestra diferente según los diferentes objetos que nosotros los mortales y denominamos seres reales, sino la ciencia que tiene por objeto el Ser Absoluto. Y cuando ha contemplado así las demás esencias y en ellas se ha saciado, vuelve nuevamente a sumergirse en el interior de la bóveda celeste y a entrar de nuevo en su morada. Apenas llega a ella, el conductor lleva al pesebre los caballos y ante ellos vierte el néctar y la ambrosía. Tal es la vida de los dioses»[34].

Así entona Platón una máxima, debemos alcanzar esa Ciencia Pura o Divina: *No hay más alto deber que el perseguirla hasta desvelarla.*

Es obvia la distancia trascendente que demarca Platón en este texto, entre el mundo de las ideas y el mundo material, pero también señala la capacidad y la posibilidad humana de transitar dicha distancia por medio de la puesta en práctica de la *Ciencia Pura* y *Divina* o, lo que es lo mismo, la *Dialéctica*. Son ya reiterativas las lecturas que se hacen de Platón en general y de este texto en particular, denunciando de un modo u otro un idealismo que cae inevitablemente en falacias de petición de principio; pero también cabe ser leído como un conjunto de signos, que significan señales que nos enseñan a mirar la relevancia de ir y volver, desde la más mundana cotidianidad a la más esencial comunicación con la alteridad; pues en la re-equilibración de esta ida y vuelta converge la *Armonía* o re-equilibración intersubjetiva.

34. Platón. *Fedro* en *Diálogos. Defensa de Sócrates. Critón el deber. Fedón o del alma. El banquete o del amor. Fedro o de la belleza.* Traducción: Garriga, J. Nueva Edición. Barcelona. 1979. p. 165.

LA *DIALÉCTICA* Y EL AMOR

El tema del *Fedro* es el amor, la *Dialéctica*, los apetitos y la escritura. Dicho de otro modo, cómo persuadir y aceptar la persuasión en la relación que se da entre amante y amado en interrelación con la *Polis* y los dioses. Es decir, cómo guiar mediante la *Dialéctica* el diálogo entre los seres humanos, el diálogo entre los seres humanos y los objetos mundanos, así como el diálogo entre los seres humanos y los dioses, para alcanzar acuerdos o desacuerdos satisfactorios en un dominio y recorrido Intersubjetivo, e impedir que la ignorancia o la imposición del interés parcial que conduce a una re-equilibración en un dominio y recorrido meramente extra o intrasubjetivo, guíen dichos acuerdos o desacuerdos. En la *Dialéctica* de Platón la mutua persuasión es clave. Pero, ¿persuadir de qué?

En la Grecia de Platón, como aún hoy en día, abundaba la persuasión que solo pretendía argumentar en favor de los intereses del orador —lo que hemos denominado en favor de «intereses intra o extrasubjetivos» diferenciándolos de los intersubjetivos—. Platón en el *Fedro* centra buena parte de su discurso en una dura crítica al mero estudio de la Retórica, que reduce la argumentación y el diálogo a la pretensión de hacer del argumento más débil el argumento más fuerte y viceversa, con la intención de beneficiar unos intereses particulares, dejando de lado el interés Intersubjetivo.

Pero la denuncia que plantea Platón acerca de la Retórica de los sofistas en el *Fedro* es una denuncia muy medida, no niega la Retórica en su totalidad; de hecho, señala que el correcto uso de la Retórica sofística exige a quien la usa al menos, un conocimiento de lo Correcto, *Dianoia*. La *Dianoia* no es mera opinión —*doxa*—, pues permite distinguir entre lo verdadero y lo falso, entendiendo propiedades, características y atributos hasta dotar al orador, mediante el entendimiento correcto que ofrece la *Dianoia*, de la capacidad de imponer su argumento sobre el que ofrecen aquellos con quienes dialoga. Así advierte que el más perfeccionado ilusionismo de la Retórica exige un correcto conocimiento de lo Real, pues para poder manipular con eficacia a los otros, distorsionando la relación entre designación y referencia, es necesario conocer la referencia, para así dominar la continuidad de la referencia con la designación, continuidad que nosotros hemos denominado «continuidad entre el *ducere-dictum* y el *infieri-factum*». Del conocimiento de la mera corrección de los procesos depende la capacidad de mostrar la apariencia y la opinión que más conviene al orador. Platón advierte que dicho conocimiento, necesario para la Retórica, también lo es para es para la *Dialéctica*. Sin embargo para la *Dialéctica* no es suficiente.

La denuncia de la Retórica que hace Platón se centra en el burdo interés de retener y contener la re-equilibración en un dominio y recorrido meramente intra y extrasubjetivo, ignorante de la intersubjetividad que sí ofrece la *Dialéctica*. El interés en la *Dialéctica* es lo que, como veremos, según Platón, permite la re-equilibración Intersubjetiva o la Armonía entre extra e intrasubjetividad, siempre delimitada y definida en un entorno que se amplia más y más (dependiendo de nuestra intelección)[35]. Puede leerse, por tanto, un cambio de posición de Platón en el *Fedro* con respecto a la que tenía en el *Gorgias*[36]. En el *Fedro* muestra la necesidad de dicha continuidad entre *Retórica* y *Dialéctica*, entre la corrección de la definición del estado de relaciones y de cosas y la delimitación donde dicha corrección es valedera sin el menoscabo de re-equilibración de otros sistemas de los que depende a su vez la re-equilibración del entorno, es decir, con rectitud. Reinterpretando la denuncia que hace el propio Platón en el *Gorgias* y en gran parte de su obra[37], por un lado, asegura y trata de demostrar que la comunicación se funda en la Retórica, por otro lado, advierte de que no debe reducirse la comunicación a una pretensión de retener una mera re-equilibración de las apariencias por medio de la simple opinión. La comunicación debe fundarse y fundamentarse en la verdad que resulta de la *episteme*. De lo contrario, cualquier conclusión puede parecer cierta, incluso la que conlleva lo inconveniente, lo degradante y des-equilibrante. Por ello, en el *Fedro*, su última obra, Platón reconoce que el modo de articular el diálogo exige de la corrección que ofrece la Retórica; pero la eficacia y eficiencia que esta proporciona debe ponerse en continuidad con la corrección y la rectitud en un

35. Debe tenerse en cuenta que la noción de *Dialéctica* que pretende generar acuerdos, atendiendo a la intersubjetividad, no implica la pérdida de los pactos realizados concretamente entre particulares (intra o extrasubjetivamente). La Intersubjetividad que mantiene la *Dialéctica* platónica respeta el *Rebus sic stantibus pacta sunt servanda*: Somos siervos de los pactos que hemos acordados mientras el estado de cosas y relaciones se mantenga.

36. Jaeger, W. *Paideia: Los ideales de la cultura griega*. Fondo de cultura económica. Méjico D.F. Méjico. 2000. p. 985.

37. En la República expulsa a los poetas de la República por este motivo.

domino y recorrido Intersubjetivo. Para Platón es evidente-que aquellas deliberaciones en las que el interés no es la re-equilibración intersubjetiva sino intra o extrasubjetiva no son eficaces. Es decir, en todas las que pretenden conducir la comunicación hacia el Amor, articulando el diálogo con una mera corrección Retórica no son eficaces. La mutua persuasión que conduce el Amor y el verdadero conoci-miento de lo Real exige, según Platón, *Dialéctica* como guía del juicio[38]. De la *Dialéctica* resulta la re-equilibración del mundo, de los seres que hay en él y de estos con los dio-ses. La cooperación Intersubjetiva depende de la persuasión hacia la sabiduría, verdadero conocimiento de los procesos de re-equilibración, así como del estado de ánimo que es el Amor o la Simpatía, que pretende la mayor eficacia en dichos procesos de re-equilibración. No basta acatar la corrección retórica para alcanzar la concordancia cooperati-va que retiene y contiene la re-equilibración Intersubjetiva, también es de exigido cumplimiento adquirir rectitud en el decir y la conducta, conducir el estado de relaciones y de cosas con un estado de ánimo que simpatiza con el proceso de re-equilibración de otros sistemas. Por tanto, la *Dialéctica* exige tanto una posición capaz de adquirir un conocimiento de los procesos de re-equilibración del

---

38.   La Retórica en el *Fedro* debe entenderse en continuidad con la *Dialécti-ca* y no como una vía de inevitable confusión. La visión de la Retórica en el Fedro no es la que tenía en el *Gorgias*. Platón en el *Fedro* ensalza la figura de Isócrates y su nueva retórica pretendiendo mostrar su cambio de posición. Platón en boca de Sócrates, advierte: Guardémonos mucho de despreciar la Retórica y examinemos en qué consiste. Platón llama la atención acerca de la necesidad de una dialéctica en la que transcurra una persuasión proporcionada y adecuada, con argumentos correctos y pretensiones rectas, así como con un estado de ánimo concordante con dichos argumentos y modulaciones persuasivas.

Mundo como una disposición Simpática hacia su re-equilibración Intersubjetiva.

Aun cuando la Retórica «sofista», el arte de la argumentación que pretendía la re-equilibración en un dominio y recorrido meramente extra o intrasubjetivo, estaba muy extendida en la Atenas de Platón, este no la aceptó, como nosotros tampoco debemos aceptarla ahora. La Retórica que sí acepta Platón es aquella que se encuentra en continuidad con la *Dialéctica*, es decir, una Retórica entendida como la modulación de un decir dialéctico. La finalidad de la *Retórica* debe ser entendida, según Platón, como una modulación de la persuasión. Dicha idea de Retórica sí se encuentra contenida en su noción de *Dialéctica* y está presentada en el *Fedro* com una Retórica que modula la argumentación con el estado de ánimo *Amor o Simpatía*, reconociendo la pro-tensión de continuidad de la re-equilibración de los sistemas en interacción, interrelación, interferencia e intercambio en un dominio y recorrido *Intersubjetivo*. La modulación o el énfasis con el que expresamos el *decir*, lo define tanto el uso del tono de la voz y los gestos, las comparaciones y analogías, argumentos deductivos, inductivos y abductivos con los que pretendemos mostrar nuestra opinión —*doxa*— o nuestro conocimiento —*epísteme*— acerca de la necesidad, la querencia o requerimiento que tenemos de re-equilibrar algo con respecto a algo para re-equilibrar qué para quiénes.

Cabe, por tanto, interpretar la *Dialéctica* de Platón como el medio para alcanzar un aumento del grado de corrección y de rectitud en el diálogo que conduce el proceso de nos lleva a alcanzar acuerdos y desacuerdos. Es decir, desde nuestra interpretación, la *Dialéctica* de Platón pretende discernir el grado de corrección y rectitud de los juicios, el grado de ajustamiento o conveniencia que estos tienen para la re-equilibración, discerniendo la adecuación y proporción de los signos que significan señales que enseñan. Por tanto, la *Dialéctica* conduce la re-equilibración, controlando el tono y el contenido, es decir, el decir y la conducta referidos a estados de relaciones y de cosas y estados de ánimo.

La cuestión que se platea en el *Fedro* es en qué medida podemos retener y contener este desafío que nos plantea la Dialéctica: alcanzar un conocimiento modulado por el Amor. Por ello, se planeta la cuestión de si se aman dos personas que aceptan un modo de proceder entre ellas en el que se vela por los intereses particulares (extra e intrasubjetivos) a la hora de alcanzar acuerdos. Platón demostrará que, si es así, no se aman.

En este párrafo reconocemos la sintonía entre Platón y nuestra propuesta cuando, refiriéndose a Hipócrates, pretende presentar el proceso dialéctico:

«Soc: Pues bien, por lo que respecta a la naturaleza, averigua qué es lo que puede haber afirmado Hipócrates y la verdadera razón de su aserto. ¿No es, quizá, así como hay que discurrir sobre la naturaleza de cualquier cosa? Primero de todo hay que ver, pues, si es simple o presenta muchos aspectos aquello sobre lo que queremos ser técnicos nosotros mismos, y hacer que otros puedan serlo; después, si fuera simple, examinar su poder, cuál es la capacidad que, por naturaleza, tiene de actuar sobre algo, o de padecer algo y por quién; y si tiene más formas, habiéndolas enumerado, ver cada una de ellas como se veían las que eran simples, y qué es lo que por naturaleza hace y con qué y qué es lo que puede padecer, con qué y por quién»[39].

Tanto nuestro decir como nuestra conducta es resultado de la articulación de un entramado de *Preguntas Fundamentales, Verbos Modales* y *Preposiciones*. Dicho entramado nos permite controlar metalocutivamente el proyecto de re-equilibración. Ejemplo de dicho entramado es el siguiente: qué con qué, con cuánto de qué, de dónde hasta dónde, cómo, cuándo y con cuánto de qué se necesita, quiere o requiere de qué por qué y para re-equilibrar qué para quien, creyendo, sabiendo, pudiendo y debiendo esto o lo otro. *Preguntas Fundacionales: qué, cuánto, dónde, cómo, cuándo, quién, por qué* y *para qué*. *Verbos Fundamentales: Necesitar, Querer, Requerir, Poder, Saber, Creer, Deber* y *Preposiciones*. La eficacia y eficiencia de la re-equilibración es resultado de la articulación dialógica, es decir la articulación de una relación *ego-alter-alter-ego* (incluyendo, por supuesto, en dicha relación el diálogo con uno mismo) atendiendo a la respuesta a este entramado de preguntas, verbos y proposiciones. Platón no propone una exposición como la que nosotros hacemos, sí intuye que con preguntas de este tipo y el discernimiento de determinados verbos fundamentales delimitados por preposiciones y dichas preguntas en continuidad con el estado de ánimo Amor o Simpatía, fundamentan la *Dialéctica*. Podríamos decir, que la *Dialéctica* pretende conformar un procedimiento con el cual sea posible detectar la impostura, lo no

---

39.   Platón. *Fedro* en *Fedón. Banquete. Fedro.* Traducción de García Gual. C. Martínez Hernández, M. Y Lledó Iñigo, E. Gredos. Madrid. 1986. p. 394.

conveniente o, dicho de otro modo, calcular la legitimidad de la intelección.

Podríamos plantear, abundando en la sintonía con nuestro Modelo, que el procedimiento basado en la *Dialéctica* de Platón define y delimita la referencia de un modo que podemos entender como análogo a como nosotros lo hacemos. La delimitación y definición de lo *Ad rem*, de la cosa o del qué de la *quaestio* permite la intelección del proceso de ida y vuelta de signos que significan señales que enseñan. La intelección es conducida por las *Preguntas Fundamentales*, *Verbos Modales* y *Preposiciones* delimitándose a un entorno o tema en el que tiene lugar la re-equilibración. La delimitación y definición de lo *Ad nominen*, es decir, de la designación del proceso del que resulta el estado de relaciones y de cosas. La definición y delimitación de lo *Ad animus*, es decir del proceso del que resulta el estado de ánimo con el que pretendemos llevar a cabo el proyecto de re-equilibración. Dichas definiciones y delimitaciones obtenidas por la respuesta al entramado de *Preguntas Fundamentales*, *Verbos Modales* y *Preposiciones* permiten conducir la intelección entre Ego y Alter, permite alcanzar acuerdos y desacuerdos entre los interlocutores que pretenden o proyectan re-equilibrar algo con algo, exponiendo cómo, por qué, para qué y para quiénes, con cuánto de qué, de dónde hasta dónde, según qué y según quiénes, se quieren, requiere o necesita, se sabe, se puede, se cree o se debe… A este procedimiento de diálogo entre interlocutores que nosotros presentamos en una próxima obra, parece mostrar la idea de Dialéctica de Platón. A este proceso de intelección controlado nosotros lo denominamos «*Mecanismo Especular*», que sobredetermina o controla Metalocutivamente la relación *Ego-Alter-Alter-Ego*. Un mecanismo mediante el cual es posible justificar, sin confusión, el decir y la conducta —*dicere-dictum*— de los seres humanos en interferencia, en interrelación, en interacción y en intercambio en referencia a otros objetos o sujetos —*infieri-factum*—; de manera que pueda ser controlada la comunicación por un leal saber entender los procesos a los que el decir y la conducta se refieren cuando dialogamos con nosotros mismos o con otros.

Platón en el *Fedro* intuye la posibilidad de ajustar el decir y la conducta de los habitantes de la *Polis* mediante un saber acerca del mundo, un saber acerca de los seres humanos y un saber acerca de la relación entre los seres humanos y el Más Allá o los dioses. La *Dialéctica* de Platón pretende orientar la intelección con respecto al Mundo mediante un análisis exacto de la Naturaleza, un análisis de la conformación de lo Real, que a su vez nos orienta con respecto a lo Real, es decir, acerca de la conformación de las ligazones (cada sistema es resultado de una ida y vuelta de señales o ligazón) con respecto a las que nos encontramos, de hecho, ligados. Este análisis define qué es la *normalidad*, entendiendo por «normalidad» el resultado del proceso que nosotros entendemos como la re-i-teración de ida y vuelta de señales con proporción y adecuación, de la que resulta la re-equilibración, ya sea de un átomo, una molécula, una célula, una población o lo que sea. El proceso de re-equilibración de un sistema establece el arriba y el abajo, el ancho y estrecho, el antes y el después de lo que transcurre, con lo que es posible re-presentar los ejes de coordenadas en los que es posible diferenciar las tres dimensiones. El progreso del proceso topo-arqueológico de complicación y sofisticación ha conducido la conformación de los sistemas hasta organizar el ser humano, con la capacidad de re-presentar la presencia de la presión presente y por tanto, con la capacidad de predecir la conducta de los sistemas con los que se comunica. Esta capacidad de re-presentación (toma de distancia subjuntiva) del proceso de ligazón de enlace de las señales que van y vienen, y que acabamos de definir como una normalidad o conveniencia de ida y vuelta de señales, ha conducido a su vez a la posibilidad y capacidad de simplificación de dicha normalidad. A dicha simplificación de la normalidad las denominamos «norma».

La re-presentación de la ligazón mediante Normas nos orienta acerca de las ob-ligaciones. Toda ligazón tiene ob-ligaciones, que son aquellas intensidades y orientaciones con concretas proporciones y adecuaciones en la ida y vuelta de señales, sin las que la ligazón no se retiene y contiene, no se re-equilibra con su entorno. Todo sistema se encuentra sujeto a la comunicación proporcionada y adecuada con su entorno. Los seres humanos re-presentamos las ligazones y ob-ligazones, re-presentando el estado de relaciones y cosas y el estado de ánimo de los sistemas del entorno en comunicación con nosotros. En la re-presentación queda definido y delimitado el proceso de conformación de la ligazón y sus obligaciones, quedando definidas las funciones fundamentales de comunicación que retienen y contienen la re-equilibración del sistema, quedando delimitado a su vez el entorno o el dominio y recorrido o la dimensión donde estas funciones quedan definidas. La intelección humana tiene la capacidad re-presentar el proceso que conduce el estado de cosas y relaciones y el estado de ánimo hacia la re-equilibración o hacia la des-equilibración de un sistema en comunicación con su entorno. Por tanto, el ser humano tiene la posibilidad y la capacidad de modificar y transformar su posición conociendo el proceso de conformación de cada sistema, reconociendo tanto el estado de relaciones y cosas como el estado de ánimo que condicionan tanto su conducta como la nuestra, pues nosotros mismos y el resto de seres humanos es otro sistema entre otros.

Resumiendo, los seres humanos re-presentamos tanto nuestra conducta como la de los sistemas del entorno, representado los procesos de re-equilibración de los sistemas en dominios y recorridos o dimensiones intrasubjetiva, extrasubjetiva o intersubjetiva. De dicha intelección humana resulta el respeto que le debemos a ciertos estados de relaciones y de cosas y estados de ánimo con respecto a los que nos encontramos ya ahí, en re-equilibración. Lo que demarca la responsabilidad de lo que debemos hacer y padecer para que la comunicación que pretendemos retener y contener continúe en un domino y recorrido u otro. El grado de corrección y rectitud de nuestra intelección conducirá nuestro hacer y padecer con pretensiones de re-equilibración extra, intra o intersubjetiva.

Hace 2500 años Platón ya detectaba la incorrección y la irrectitud de la intelección de los ciudadanos de la *Polis*. Los acuerdos o desacuerdos que estos alcanzan están indefectiblemente sobredeterminados por dichas incorrecciones e irrectitudes, lo que les incapacita para hacer y padecer la cooperación que conduce proyectos con pro-tensión de continuidad de re-equilibración Intersubjetiva. Platón en sus diálogos denuncia estas irrectitudes e incorrecciones, que nosotros pudiéramos dividirlas en tres tipos, las incorrecciones e irrectitudes *ad rem*, *ad nominem* y *ad*

77

animus. Ad rem, cuando no se definen con corrección las funciones de comunicación de las que resulta el proceso de re-equilibración y/o no se delimita el domino y recorrido de dichas funciones. *Ad nominem,* cuando los modos de denotar, *ducere-dictum,* la referencia, *infieri-factum,* no son compartidos por los interlocutores confundiéndolos. *Ad animus,* cuando el ánimo con el que conducimos el *ducere-dictum* referido al *infieri-factum* oculta nuestro verdadero interés, fomentando la desconfianza o, exponiendo abiertamente una pretensión de re-equilibración en un dominio y recorrido que no se ajusta a los intereses intersubjetivos, desatendiendo la obligada Simpatía y Amor de la que depende la re-equilibración Intersubjetiva.

Por tanto, el proyecto de Platón es persuadirnos de que pongamos orden en nuestro decir y nuestra conducta, poniendo ambas en continuidad con el proceso de conformación de las referencias, de las ligazones o, sujetos y objetos o, *infieri-factum,* entre los que y con los que ciudadanos de la *Polis* se encuentran en re-equilibración. Es decir, nos impulsa a poner orden entre las cosas del mundo, los seres humanos y los dioses. De lo contrario, la degradación y el sufrimiento que de ella deviene nos conducirán a nosotros. Platón nos persuade a persuadirnos unos a otros hacia la intelección amable más correcta y recta posible. El vehículo de dicha persuasión es la argumentación, la deliberación, gobernada por la *Dialéctica,* pues de ella depende lo que hacemos y lo que padecemos, la relación entre los efectos y los afectos, el hacer y el padecer. En el *Fedro* propone que la persuasión entre amantes y amados debe construirse dialógica y dialécticamente con juicios bien formados, con los que poder regenerar acuerdos y desacuerdos que propendan al re-equilibrio Intersubjetivo. Los juicios estarán bien formados si retienen y contienen tanto la corrección como la rectitud de la intelección, de la que depende el Bien Común, el Re-equilibrio y la Armonía de los cuidados, la *Polis* y los dioses.

Como antes apuntamos y pronto desarrollaremos, cuando nos centremos en el *Mito del carro alado*, dicha concordancia entre corrección y rectitud es resultado de contactar con *ideas perfectas*, que tienen como correlato un estado de ánimo perfecto, el Amor. Platón propone que la perfección de las ideas es lo que debe conducir la persuasión en el diálogo dialéctico de los enamorados, y que los modelos divinos deben ser el motor de persuasión. Como veremos, el medio de ponernos en contacto con dichas *ideas perfectas* es la *Dialéctica*.

LA FALACIA DE PETICIÓN DE PRINCIPIO
EN LA ONTOLOGÍA PLATÓNICA

Lo que propone Platón en el *Fedro* no es simplemente poner el Alma y el Amor o la Simpatía que de ella emana como energía primordial, «causa material» en términos aristotélicos. Más bien parece intuir, o al menos así lo interpretamos, que para él alcanzar el Amor es el resultado una la comunicación capaz de conducir la re-equilibración intersubjetiva[40]. El reconocimiento del deber que tenemos los seres humanos de conducir la comunicación hacia la re-equilibración intersubjetiva es resultado del viaje del sentido íntimo hasta las *ideas perfectas* y su vuelta, que nos capacita para entender el Mundo sus procesos. La obra de Platón cabe ser leída como la pretensión de plantear una recursividad entre Amor-Dialéctica y Dialéctica-Amor. El estado de ánimo del Amor o la Simpatía, alcanzado en el mundo de las *ideas perfectas*, conduce a un entendimiento ajustado al mundo, el conocimiento ajustado del mundo nos conduce al Amor.

«Prueba, que, por cierto, no se creerán los muy sutiles, pero sí los sabios. Conviene, pues, en primer lugar, que intuyamos la

---

40. El Amor se ha colocado como principio desde diferentes perspectivas. Tal y como señala Aristóteles en el libro primero de la Metafísica, Hesíodo al componer la génesis del Universo puso el *Amor el primero de todos los dioses. Antes de todas las cosas*, dice Hesíodo, *fue el Caos y después la Tierra de ancho seno…Y el Amor que sobresale entre todos los inmortales*. Aristóteles. Metafísica. Traducción: Calvo Martínez, T. Gredos. Madrid. 2000. p. 73.

verdad sobre la naturaleza divina y humana del alma, viendo qué es lo que siente y qué es lo que hace. Y éste es el principio de la demostración. Toda alma es inmortal. Porque aquello que se mueve siempre es inmortal. Sin embargo, para lo que mueve a otro, o es movido por otro, dejar de moverse es dejar de vivir. Sólo, pues, lo que se mueve a sí mismo, como no puede perder su propio ser por sí mismo, nunca deja de moverse, sino que, para las otras cosas que se mueven, es la fuente y el origen del movimiento. Y ese principio es ingénito. Porque, necesariamente, del principio se origina todo lo que se origina; pero él mismo no procede de nada, porque si de algo procediera, no sería ya principio original. Como, además, es también ingénito, tiene, por necesidad, que ser imperecedero. Porque si el principio pereciese, ni él mismo se originaría de nada ni ninguna otra cosa de él; pues todo tiene que originarse del principio. Así pues, es principio del movimiento lo que se mueve a sí mismo. Y esto no puede perecer ni originarse, o, de lo contrario, todo el cielo y toda generación viniéndose abajo, se inmovilizarían, y no habría nada que, al originarse de nuevo, fuera el punto de arranque del movimiento. Una vez, pues, que aparece como inmortal lo que, por sí mismo, se mueve, nadie tendría reparos en afirmar que esto mismo es lo que constituye el ser del alma y su propio concepto. Porque todo cuerpo, al que le viene de fuera el movimiento, es inanimado; mientras que al que le viene de dentro, desde sí mismo y para sí mismo, es animado. Si esto es así, y si lo que se mueve a sí mismo no es otra cosa que el alma, necesariamente el alma tendría que ser ingénita e inmortal. Sobre la inmortalidad, baste ya con lo dicho. Pero sobre su idea hay que añadir lo siguiente: cómo es el alma requeriría toda una larga y divina explicación; pero decir a qué se parece es ya asunto humano y, por supuesto, más breve. Podríamos entonces decir que se parece a una fuerza que, como si hubieran nacido juntos, lleva una yunta alada y a su auriga y los aurigas de los dioses son todos ellos buenos, y buena su casta, la de los otros es mezclada…»[41].

Seguidamente continúa con el mito del carro alado.

Nosotros trataremos de conducir esta interpretación de la idea de Alma y de su acceso a las *ideas perfectas*, sostenidas conceptualmente en una idea de movimiento y fuerza, haciéndola congruente con nuestra propuesta de origen de originación como tensión-contratensión, intensidad y extensión. La interpretación que critica la filosofía de Platón como idealista, plantea que desconecta la realidad material del Mundo de su origen de originación, el *Mundo de las Ideas*, planteando además que su idea de Alma así como su idea de conocimiento es solo comprensible mediante Mitos y experiencias místicas. Tanto la idea de *Alma*, como la de *idea perfecta* o la de *Mundo de las Ideas* conducen a unas argumentaciones que caen recurrentemente en petición de principio. Dicha falacia conduce a su vez a planteamientos epistemológicos denominados idealistas que se diseminarán por una gran cantidad de filósofos posteriores. No es este el lugar, en donde queremos centrarnos en una excursión histórica que nos haga apreciar el devenir falaz de la historia de las Teorías del Conocimiento. Mejor intentemos leer a Platón como si estuviese en sintonía con nuestro Modelo, interpretando su idea de movimiento como resultado de

---

41. Platón. *Fedro* en *Fedón. Banquete. Fedro.* Traducción de García Gual. C. Martínez Hernández, M. Y Lledó Íñigo, E. Gredos. Madrid. 1986. p. 343 y ss.

una fractalidad topo-arqueológica y una recursividad lógica, a pesar de no poder dejar de señalar la evidente falacia que puede contaminar de modo nuclear todo su planteamiento. No obstante aun detectando y denunciando dicha falacia, tampoco podemos dejar de detectar también la grandeza de su intuición. Por tanto, lo que nos disponemos a plantear es cómo solucionar dicha falacia con una interpretación topo-arqueológica, fractal y recursiva, justificando mejor que el propio Platón, la pertinencia de su intuición.

Aristóteles da categoría ontológica a la noción de sustancia, pero pretende evitar que la sustancia sea entendida como Principio único Absoluto y Causa única Primera, pues ya ha leído las deficiencias o errores en los que caen los planteamientos de su Maestro. En Platón puede leerse la pretensión de certificar que hay un Más Allá, Principio Absoluto o Causa Primera, de lo que depende lo Real. Para Platón estar seguros de algo, es decir, estar convencidos de algo, depende de afianzar nuestra argumentación en algo inmóvil. La falacia de petición de principio o contradicción interna de esta propuesta óntica y ontológica radica en exponer que todo lo originado es consecuencia o efecto de un Principio Absoluto o Causa Primera; que no se explica, ni se ofrece mecanismo epistemológico alguno para su comprensión, más que el ámbito de lo Mítico. Por eso cabe decir que Platón propone una Poética Epistemológica o una Mitología que fundamenta el una idea de conocimiento planteamiento, pero ello no tiene por qué conducir indefectiblemente a la ineficacia del acceso a la Re-equilibración Intersubjetiva.

Aquí proponemos un esbozo de una posible solución a las deficiencias y errores, reinterpretando con nuestro Modelo la posición óntica y ontológica de las *ideas* perfectas proporcionado señales para una recreación Teológica y Mitológica para nuestro tiempo. En la filosofía de Platón, las *ideas perfectas* tienen un sustrato de inmovilidad por encima de la bóveda celeste, y otro de movilidad, por deabajo de la bóveda celeste, lo que las coloca, por lo tanto, desde nuestra interpretación, las i*deas perfectas* se sitúan en una posición intermedia, en el contorno o límite o frontera permeable entre el dinamismo de lo Real y ella quietud del Más Allá. No es difícil reconocer que esta noción de *idea perfecta* entendida como contorno, límite o frontera permeable se encuentra el núcleo de la contradicción interna de la Ontología de la Grecia Clásica. Precisamente esta idea de intermediación define el sentido platónico de continuidad entre Epistemología y Teología, y que conducirá el sentido a las posteriores Ontologías, Epistemologías, Lógicas, Éticas y Estéticas de los siguientes 25 siglos, sin embargo esto es algo que no es nuestra intención justificarlo aquí.

Platón intuye, pero no logra re-presentar lo que se ha entendido tradicionalmente desde Leibniz y Descartes por la *mathesis universalis*: un lenguaje más perfecto que el natural con el que poder fundamentar las soluciones a los problemas o conflictos que suceden en el Mundo. Las *ideas perfectas* se encuentran, según Platón, en el límite del entendimiento, en conexión con ellas podríamos alcanzar una re-presentación como la que se propone con la *mathesis universalis*. El acceso a las *ideas perfectas* exige un movimiento del Alma que puede ser impulsado desde abajo, es decir, desde el Más Acá de la Bóveda Celeste, pero también desde más arriba de ella. El punto de encaje entre ambos Mundos es el contorno situado entre el Más Allá y el Más Acá: las *ideas perfectas*.

La noción de *idea perfecta* queda topológicamente situada en la bisagra entre la finitud de lo Real y la infinitud o inmovilidad del Más allá. Cuando Platón adjetiva las *ideas* como «perfectas», nosotros entendemos que se refiere a aquel conocimiento que, cuando es alcanzado, es satisfactorio, pleno, que no precisa de nada más para cubrir el apetito ni la expectativa del conocimiento. Esa perfección, Platón no la representar como una re-equilibración resultado de un progreso de un proceso topo-arqueológico; tal y como proponemos nosotros, como un ir y venir de señales que convienen, con *proportio* y *adecuatio*, y que en el devenir del progreso del proceso de complicación y sofisticación conforma los diferentes sistemas que recubren lo Real. No podía hacerlo pues para ellos es necesario la perspectiva que ofrece la física contemporánea, pues es esta la que configura los conceptos de conservación del movimiento simple armónico y uniforme, los conceptos matemáticos de topología, así como la idea de relatividad general y especial, o las ideas que ofrece la teoría cuántica. Para Platón, las *ideas perfectas* eran un medio de contacto, continuidad, contigüidad y conexión entre dos mundos, lo Real y el *Mundo de las Ideas*. El sustrato, tanto de movilidad como de inmovilidad, de las *ideas perfectas* puede entenderse análogo a la estructura ontológica del alma humana. El modo en el que Platón sitúa la ubicación topológica del Alma le otorga a ésta la posibilidad y la capacidad de guía entre los dos mundos, y es del Alma de donde deviene la *Dialéctica* capaz de conducir la intelección hacia el conocimiento verdadero, diferenciado de la mera opinión. La *Dialéctica* es el resultado del viaje del sentido íntimo, que a su vuelta a lo Real guía la relación efecto-afecto-afecto-efecto entre el Más Allá o Dios y el Más Acá o Mundo, conduciendo a los habitantes de la Polis hacia la re-equilibración intersubjetiva. Esta intuición, no es re-presentada formalmente sino mediante un Relato Teológico o Mitológico, pues era lo que estaba al alcanza de su tiempo. Lo cual le hace presuponer una trascendencia capaz de otorgar al ser humano posibilidad y la capacidad de conducir el decir y la conducta acerca de las referencias, hasta descubrir y justificar la Re-equilibración Intersubjetiva. Pero, la capacidad intelectiva de Platón le impide aceptar el Relato Mítico tradicional asumido en su tiempo, lo que le lleva a tantear la idea de una Ciencia Divina con la que, reconociendo la quietud trascendente de las ideas, sea posible discernir el dinamismo inmanente de lo Real. De este modo explora una solución que le conduce a la contradicción interna de su ontología, por ello, su idea de Alma tiene una ubicación móvil e inmóvil.

Por tanto, dado el conocimiento al que podía acceder Platón en su tiempo no le permitía proponer la *Dialéctica* desde una perspectiva topo-arqueológica, que permite analizar y sintetizar la conformación de los sistemas del entorno. Nosotros introduciremos más adelante perspectiva topo-arqueológica y veremos cómo impacta sobre la propuesta de Platón.

Nosotros, con nuestro Modelo, podemos entender las *ideas perfectas* como un medio, accesible a los seres humanos, para alcanzar la intelección de la re-equilibración Intersubjetiva. Las *ideas perfectas* no se sitúan Más Allá de la bóveda celeste ni Más Acá, en el seno de lo Real, sino que se sitúan en el límite, no siendo tan perfectas como los dioses ni tan finitas o imperfectas como la precaria realidad. Están en contacto con la supuesta perfección del Más Allá y con la supuesta precariedad del Más Acá. Cabe interpretar, por tanto, la noción de *idea perfecta* como el resultado de una relación efecto-afecto-afecto-efecto entre el Más Allá y el Más Acá, con el que cabe conducir la comunicación hacia una re-equilibración Intersubjetiva.

La cuestión que se planeta solucionar Platón es cómo llegar a estas *ideas*. Así pues, su propuesta es la *Dialéctica*. Alcanzar las *ideas perfectas* exige encontrar la derivada, la tangente que nos saque con suficiente velocidad de escape del mundo borroso de sombras, que nos confunde en el Más Acá. Después, una vez alcanzado el punto álgido del recorrido de la derivada en cada punto de lo Real, trans-currirá la vuelta de la ida, la integración que proporciona volver de donde se vino con la oportunidad de transfor-mar el Mundo. La intimidad, en un movimiento re-flexivo —*skepsis*—, se sitúa en una distancia reflexiva con respecto a los cinco sentidos y con respecto al sentido común, a los que vuelve con un plus de entendimiento. Un entendimien-to que para Platón se encuentra sembrado de perfección, y puede ayudar a conducir la vida de los seres humanos, si dicho entendimiento, sembrado de perfección del Más Allá es reconducido por la *Dialéctica* en el Más Acá, cauce y encauzamiento de nuestra idea de re-equilibración Intersub-jetiva. Por tanto, hay un salto epistemológico en la idea de Alma y de *idea perfecta*, que Platón resuelve con una Teolo-gía de la intelección, fundada en una hipótesis trascendente.

La *Dialéctica* es, por tanto, la procedimentalización de la intelección del mundo por medio de los cinco sentidos poniéndolos en común con los cinco sentidos de los otros, a esta puesta en común la denominamos sentido común. Pero además, los cinco sentidos y el sentido común se encuentran atravesados por el sentido íntimo, ese sentido que nos pone en contacto con lo trascendente, con el contorno, con las ideas perfectas. Estos tres sentidos definidos recursivamente sitúan al ser humano ante su Destino en el Devenir. A esta intuición de Platón de procedimentalización de la intelección le seguirán luego otra, como la de *mathesis universalis*. La re-equilibración Intersubjetiva es guiada y conducida por la intelección y exige por parte de esta una derivación y una integración topo-arqueológica de la de la conformación de lo Real[42]. En la propuesta de procedimentalización de la intelección Platón supone una discontinuidad, que agujerea la continuidad topo-arqueológica que nosotros proponemos. Tanto su noción de Alma como su noción de *idea perfecta* se presuponen desvinculadas del mundo material, lo cual hace que muchos de sus argumentos caigan en falacia de petición de principio. Pero, repetimos, aun reconociendo su presuposición trascedente o idealista, cabe reconocer en también su intención de salvar dicha discontinuidad. Lo hace con otra presuposición: la capacidad humana de realizar algo que pudiéramos denominar «un salto mágico» del *Mundo Material* al *Mundo de las Ideas*. Dicho salto mágico no es expuesto formalmente, sino mediante relatos mitológicos con los que conmueve el Alma del auditorio, con el propósito ya mencionado. Por tanto, Platón propone por un lado, la *Dialéctica* y por otro, el Mito, con la *Dialéctica* los ciudadanos se enfrentan racional y razonablemente al *Mundo Material*, y con el Mito la intimidad tiene la oportunidad de saltar al *Mundo de las Ideas*.

42. La noción de derivación e integración que se representan con claridad en el cálculo infinitesimal de Leibniz se encontraba intuitivamente en la noción de perfección Platónica. Solo habrá que tirar del hilo de la comunicación.

Platón intuye una continuidad entre el *Mundo de las Ideas* y el *Mundo Material* pero no es posible reconocerla formalmente. Lo reconocido en el mundo de las *ideas perfectas* es reconocible en el viaje de vuelta de la intimidad al mundo sublunar o el mundo profano. Nosotros interpretamos que la *Dialéctica* nace en esta vuelta de la ida, configurando un procedimiento de control de los acuerdos y desacuerdos entre los ciudadanos de la *Polis*, con la finalidad de retener y contener una re-equilibración intersubjetiva. Dicho de otro modo, la re-equilibración de la *Polis* (del mundo civilizado), de sus objetos y sujetos en interacción, interrelación, interferencia e intercambio es el resultado de un procedimiento con el que es posible alcanzar acuerdos y desacuerdos que conduzcan a la re-equilibración intersubjetiva, y dicho procedimiento es la *Dialéctica*.

Por tanto, la noción de *idea perfecta* parece presuponer tanto el reposo o quietud de la Verdad como el dinamismo de lo Real. Esta aparente contradicción interna de la ontología platónica fundada en la noción de *idea perfecta* plantea un conflicto entre Epistemología y Teología que aún no ha resuelto la Humanidad. Presuponer que existe una posibilidad y una capacidad humana de entrar y salir de lo Real deja abierta una investigación no clausurada, que se asienta en presuposiciones ontológicas tanto inmanentes como trascendentes.

Desde nuestra interpretación, la *Dialéctica* es un medio de control de la contradicción interna entre movilidad y dinamismo presupuesta en su ontología, un medio de controlar lo que nosotros denominamos la relación borroso-claro-claro-borroso, pues la *Dialéctica* se propone como un medio de conducir la relación efecto-afecto-afecto-efecto hacia la articulación de la relación efecto-afecto-afecto-efecto entre Más Allá y Más Acá.

El Proyecto de Platón es la elaboración de un Método, de una *Ciencia Pura* o *Divina* dice él. Con la *Dialéctica* propone un medio con el que los ciudadanos de la *Polis* pueden ascender su estatuto ontológico. Con ella cabría descubrir y justificar el sentido de lo Real y el sentido de los seres humanos en el Proyecto *Polis*, el proyecto de una re-equilibración intersubjetiva. Por medio de la *Dialéctica* es posible re-presentar las *ideas perfectas* en el Mundo Material, explicando y comprendiendo el sentido de las conductas y del decir dirigido hacia el Bien, un Bien del venimos y un Bien al que es posible ir, de tal manera que se pone en continuidad el Origen de originación de lo Real, el mundo Más Allá de los dioses, con nuestro Destino en el Más Acá del Mundo, la *Polis*. La *Dialéctica* pretende conducir el hacer y padecer mundano con corrección y rectitud, alcanzando acuerdos y desacuerdos resultado de juicios bien formados, por medio de los cuales se encauza el encauzamiento de la pro-tensión de continuidad de la re-equilibración Intersubjetiva de la *Polis*, poniendo en continuidad Origen y Destino, Dioses y Mundo.

La filosofía de Platón establece una circulación entre el *Mundo de las Ideas* y el *Mundo Material* que no termina por aclararse nunca, no ofrece definiciones de funciones u operaciones ni un delimitado dominio y recorrido en el que estas funciones quedan bien o mal definidas. Como veremos más adelante Platón hará lo que esté en su mano para mostrar el proceder de la *Dialéctica*, diferenciando la mera opinión del verdadero conocimiento, y advirtiéndonos también, mediante ejemplos de cómo proceder Retórica y

Dialécticamente en favor del Bien, así como de las conse-
cuencias que tiene para cada ciudadano concreto y para la
Polis en general conducir los argumentos como resultado
de la intelección *Dialéctica* o, conducirlos como resultado
de la mera pasión animal.

LA INSCRIPCIÓN: ESCRITURA, CUERPO Y MEMORIA

En la idea de escritura que se desarrolla en el *Fedro* se plantea también esa aparente contradicción entre la inmovilidad y la movilidad de las ideas. El concepto de escritura puede entenderse como la fijación inmóvil de un conjunto de ideas pero, a su vez, su lectura devuelve el dinamismo móvil y dialógico a lo fijado.

Hasta aquí nos hemos detenido en cómo debe conducirse la comunicación entre amantes y amados, así como la repercusión que dicha comunicación tiene sobre la comunidad, la *Polis* y los dioses. Platón plantea una continuidad entre los dioses, el Alma y el Mundo exponiendo que dicha continuidad, puede ser guiada por la *Dialéctica*. ¿Qué papel juega la escritura en la *Dialéctica*, cómo deben atender a la escritura amantes y amados para conducirse en re-equilibrio con la Polis y los dioses? Platón advierte que la escritura puede pervertir el re-equilibrio que debemos buscar. el camino hacia la Verdad, la Belleza y la Bondad. La advertencia vuelve a señalarnos la traída diferencia entre *doxa*, mera apariencia, y *epísteme*, verdad, pues la lectura de lo escrito puede conducir al lector mediante recuerdos que no son suyos, a través de símbolos ajenos, a fiarse de lo que no es en verdad lo propio. En tal caso «no es, pues, un fármaco de la memoria de lo que has hallado, sino un simple recordatorio. Apariencia de sabiduría es lo que proporcionas a tus alumnos, que no verdad»[43]. Para Platón, el acceso a la Verdad es un recuerdo, una reminiscencia del mundo divino del que procedemos y que olvidamos de alguna manera al nacer. El recuerdo o la reminiscencia de la Verdad, accesible mediante la *Dialéctica* y las *ideas perfectas*, tal y como ya hemos planteado, no es el recuerdo de otro. El camino de vuelta a la Verdad exige un camino intelectivo, que Platón atribuye a la *Dialéctica* y no el mero ejercicio memorístico de las conclusiones expuestas por otro. Los amantes y amados no tienen acceso a la Verdad mediante este mero ejercicio memorístico sino mediante la *Dialéctica*. La escritura de las conclusiones expuestas por otro pueden ser un medio de acceso a la Verdad, siempre y cuando reconduzcan la propia intelección hasta el horizonte del sentido, las *ideas perfectas*, y recuerde en cuerpo propio, en la propia intimidad, la Verdad de la que procede. Dicha lectura de la escritura exige *Dialéctica*.

Desde nuestra perspectiva, la *Dialéctica* de Platón tiene la capacidad de orientar a los seres humanos tanto en el mundo sublunar como en el *mundo de las ideas* y quizá también entre los dioses... Esta orientación exige lo que nosotros entendemos por dar continuidad al sentido íntimo, el sentido común y los cinco sentidos. El sentido íntimo es el sentido que nos orienta cuando la atención reposa sobre sí misma, cuando la atención no es guiada por los cinco sentidos ni por el sentido común, sino por las *ideas perfectas*. El sentido común que recuperamos a la vuelta de la ida a las ideas perfectas mediante el sentido íntimo; el

---

43. Platón. *Fedro* en *Diálogos III. Fedón. Banquete. Fedro*. Traducción de García Gual. C. Martínez Hernández, M. Y Lledó Íñigo, E. Gredos. Madrid. 1986. p. 403 y 404.

sentido común es el sentido que nos orienta entre lo demás para alcanzar una re-equilibración con los demás. Los cinco sentidos nos orientan en la indicatividad del mundo. Estos tres sentidos se encuentran entrelazados en la intelección de lo Real resituando constantemente la intelección, que conduce a su vez, por un lado, nuestras «necesidades», las necesidades más primarias, sin las cuales no es posible la continuidad del mundo de la vida, por otro lado, nuestras «querencias», necesidades más complicadas y sofisticadas, aquellas que tienen lugar en comunicación con la comunidad y el mundo al que pertenecemos, y por otro lado, nuestros «requerimientos», las necesidades más íntimas, aquellas que nos permiten reconocernos como humanos. Las necesidades, querencias y requerimientos nos orientan con un grado de corrección y de rectitud, que es el grado de corrección y rectitud de la intelección humana, y de ella depende nuestra re-equilibración en nuestro entorno. La *Dialéctica* de Platón se propone como un método de aumentar el grado de corrección y rectitud.

La escritura tiene su sitio en la *Dialéctica*, pero no reconocerlo adecuadamente puede desorientarnos. La escritura tiene la capacidad de guardar y custodiar el saber, pero el saber, como hemos señalado antes, tiene que ser procesado por quien lee la escritura. La clave está en reconocer cómo lo inmóvil del conocimiento se pone en continuidad con lo móvil del entendimiento. El camino escrito puede ser un camino cierto, pero hay que saber recorrerlo. Platón en el *Fedro* advierte del peligro que supone para la *Polis* tomar lo escrito como verdad, belleza y Bondad cuando no se ha justificado ni su Verdad, ni su Belleza, ni su bondad. De ahí lo que antes anunciábamos del peligro en confundir la apariencia de Verdad con la verdad, la *doxa*, con la *episteme*. La lectura que hace Fedro a Platon del discurso de Lisias cae precisamente en este error.

En el siguiente párrafo, dedicado al arte de confeccionar discursos, podemos volver a reconocer un intento de Platón de resolver la tensión ontológica entre dinamismo y quietud.

«Soc: Puesto que el poder de las palabras se encuentra en que son capaces de guiar las almas, el que pretenda ser retórico es necesario que sepa, del alma, las formas que tiene, pues tantas y tantas hay, y de tales especies, que de ahí viene el que unos sean de una manera y otros de otra. Una vez hechas estas divisiones, se puede ver que hay tantas y tantas especies de discursos, y cada uno de su estilo. Hay quienes, por un determinado tipo de discursos, y por tal o cual causa, son persuadidos para tales o cuales cosas; pero otros, por las mismas causas, difícilmente se dejan persuadir. Conviene, además, habiendo reflexionado suficientemente sobre todo esto, fijarse en qué pasa en los casos concretos y cómo obran, y poder seguir todo ello con los sentidos despiertos, a no ser que ya no quede nada de los discursos públicos que otro tiempo escuchó. Pero, cuando sea capaz de decir quién es persuadido y por qué clase de discursos, y esté en condiciones de darse cuenta de que tiene delante a alguien así, y explicarse a sí mismo que "éste es el hombre y ésta es la naturaleza sobre la que, en otro tiempo, trataron los discursos y que ahora está en persona ante mí, y a quien hay que dirigir y de tal manera los discursos, para persuadirle de tal y tal cosa". Cuando esté, pues, en posesión de todo esto y sabiendo de la oportunidad de decir algo en tal momento, o de callárselo, del hablar breve o del provocar lástima, y de las ampulosidades y de tantas cuantas formas de discurso aprendiera, y sabiendo en qué momentos conviene o no conviene aplicarlos, entonces es cuando ha llegado a la belleza y perfección en la posesión del arte, mas no antes. Pero si alguna de estas cosas le faltare en el decir, enseñar o escribir, y afirmase que habla con arte, saldrá ganando quien no le crea. "¿Qué pasa entonces?", dirá tal vez el autor, "¿os parece bien, Fedro y Sócrates, así? ¿O se deben aceptar otras propuestas al hablar del arte de las palabras?"»[44].

Lo que está en juego cuando perdemos la orientación, que pretende ofrecernos la Dialéctica, es la re-equilibración. Sin *Dialéctica* amantes y a amados alcanzarán acuerdos y desacuerdos entre ellos, con respecto a la *Polis* y con respecto a los dioses, pero no serán razonables ni racionales, por ello no retendrá y contendrá la re-equilibración Intersubjetiva.

---

44. Platón. *Fedro* en *Diálogos III. Fedón. Banquete. Fedro*. Traducción de García Gual. C. Martínez Hernandez, M. Y Lledó Iñigo, E. Gredos. Madrid. 1986. p. 396 y 397.

LA INTELECCIÓN:
CONTINUIDAD TOPO-ARQUEOLÓGICA
ENTRE LO MÓVIL Y LO INMÓVIL

«Aquel cuyo imperio es el deseo, y el placer su esclavitud, hará que el amado le proporcione el mayor placer...»[45].

Platón en boca de Sócrates dice que no basta con contener el desenfreno del deseo con la sensatez de la opinión —*doxa*—, sino que han de conducirse con el conocimiento —episteme—[46]. En su segunda crítica a Lisias[47], Sócrates muestra a Fedro que, lo que conduce hacia la re-equilibración intersubjetiva no es resultado de la mera opinión —*doxa*—, sino de elevar el alma mediante la *Dialéctica* hasta el conocimiento —*episteme*—, que proporciona el contacto con las *ideas perfectas*. De este modo el amor, fuerza impulsada por los dioses para nuestra mayor fortuna, modulará nuestra comunicación. Ello lo expresará Platón con el *Mito del carro alado*.

Interpretemos topo-arqueológicamente la noción de intelección en Platón. Cómo se origina eso que denominamos intelección humana, cómo se inicia el proceso que conduce a la conformación del entendimiento humano, qué

45. Platón. *Fedro* en *Fedón. Banquete. Fedro*. Traducción de García Gual. C. Martínez Hernández, M. Y Lledó Íñigo, E. Gredos. Madrid. 1986. p. 331 y ss.
46. Ibidem p. 329. y ss.
47. Ibidem. p. 343.

es lo que conduce nuestro decir y nuestra conducta (*ducere-dictum*) acerca de los procesos del mundo (*infieri-factum*).

Para llegar a entender lo que es un ser humano entendamos primero qué es una cosa cualquiera. Nosotros proponemos que entendamos cosa, ente, sustancia o lo que sea como el resultado de una comunicación. Es decir, planteemos que toda sustancia es resultado de la comunicación entre otras dos sustancias y así sucesivamente. De modo que no es posible preguntarnos por una sustancia que se encuentre al final de esta sucesión, entendida como principio absoluto o causa primera. El origen es la comunicación. Este pequeño cambio de ángulo proporciona una ventaja a la hora de comprender el proceso habitualmente denominado evolutivo pero que nosotros preferimos llamar «topo-arqueológico». La ventaja la proporciona el presuponer que todo lo que hay es resultado de una conveniencia. Es decir, si presuponemos que lo primero es la comunicación y no la sustancia, todo es resultado de una ida y vuelta de señales que, cuando hay proporción y adecuación se retienen y contienen éso que habitualmente denominamos «cosa», «sustancia», «ente», o lo que sea.

Por tanto, la cosa, el objeto, el ente podemos denominarlo «sistema», pues «sistema» se refiere a la entrada y salida de señales. Así planteado, no nos cabe más remedio que entender, que todo sistema emerge en su entorno enlazando las señales del entorno y se sumerge cuando estas se desenlazan. Por ello, decimos que lo Real tiene *Estructura de Relato*. Es decir, todo sistema tiene la estructura enlace, lazo, re-enlace, des-enlace de señales.

Esta re-presentación reconstructiva de todo sistema nos permite adentrarnos en el progreso del proceso de re-equilibración de dichas señales. A medida que la re-equilibración retiene y contiene más y más señales del entorno, el sistema se va complicando y sofisticando. Los sistemas, desde su origen, son el resultado de una relación efecto-afecto-afecto-efecto con su entorno. No puede haber sistema sin entorno. Desde el origen, las señales entran, flexionan y reflexionan en un centro o núcleo y salen del sistema. La reflexión de las señales conduce tanto, el circuito de las señales que entran y salen en el sistema, como la circulación del sistema en su entorno. Si la reflexión no es ajustada, es decir, si no es proporcionada y adecuada en intensidad y orientación, el sistema se des-equilibra sumergiéndose donde emergió. Pero si la ida y vuelta de señales reflexionadas son proporcionadas y adecuadas en intensidad y orientación el sistema continúa su re-equilibrio en el entorno. En el progreso del proceso de agregación de señales se conforma un núcleo o el centro de rebotes de las señales hacia la periferia. De dicha re-iteración o rebote resulta una histéresis, un trauma o hendidura en el entorno, o un cauce y encauzamiento en el entorno. A dicho cauce y encauzamiento lo estamos denominando «sistema». Por tanto, el sistema, desde su origen de originación, se encuentra en una relación efecto-afecto-afecto-efecto con su entorno. El sistema es por tanto, procesamiento, cuerpo y memoria, con pro-tensión de continuidad de re-equilibración en un dominio y recorrido, en un entorno, en el que cambia de posición ante la presión[48].

_____

48.   Es decir, las señales que van y vienen rebotan en el núcleo del sistema produciéndose una inflexión, según sea la intensidad y el ángulo del rebote de las señales en una relación efecto-afecto-afecto-efecto, se conforma un sistema u otro hasta su re-enlace o desenlace. Procesamiento, cuerpo y memoria conforman

Por tanto la re-flexión juega un papel fundamental en la re-equilibración de todo sistema desde su origen de originación. La intelección de los seres humanos es resultado de un progreso del proceso de complicación y sofisticación de la «re-flexión» de señales que van y vienen y encajan o convienen en un centro, al que las señales llegan y del que salen. El sistema es procesamiento, cuerpo y memoria circulando en el entorno y circuitando señales del entorno. Del procesamiento, cuerpo y memoria, del progreso del proceso de agregación y desagregación de señales, el cauce y encauzamiento tiene éxito o continuidad de la re-equilibración, o no. Es decir, de este pro-ceso y procesamiento cuerpo y memoria que conduce las cesiones ne-cesarias de sucesos —señales y trayectos— resulta la re-equilibración o des-equilibración de la comunicación del sistema en el entorno. Cuando el sistema continúa, decimos que tiene éxito o, que encuentra salida a los problemas, puesto que aquellos sistemas que no encuentran salida a los problemas no continúan, degeneran hasta el óbito o sumersión en el entorno del que emergieron. La reflexión de las señales sobredetermina los cambios de posición ante la presión con mayor o menor grado de adecuación y proporción, tendiendo a la re-equilibración o a la des-equilibración.

Los sistemas pueden, o no, ir complicándose y sofisticándose. Si lo hacen, pueden llegar a conformar centros de procesamiento y reflexión complicados y sofisticados, que procesan señales cada vez más complicadas. De dicho progreso del proceso de complicación y sofisticación resultan

---

el orden de re-equilibración entre sistema y entorno diferenciando y asimilando lo relevante de lo que no lo es, pues los sistemas que no lo hacen no continúan.

sistemas tales como plantas, animales o humanos. Desde esta perspectiva, los sistemas que luego hemos denominado «humanos» son el resultado del progreso del proceso topo-arqueológico de complicación y sofisticación de la intelección.

El progreso de complicación y sofisticación de los sistemas aumenta el nivel de agregación de las señales del entorno en el dintorno y contorno del sistema. El aumento del nivel de agregación de señales del entorno en el sistema, le otorga la capacidad de anticipar lo que sucede en el entorno y así cambiar de posición ante la presión que éste ejerce, aumentando su capacidad de re-equilibración en el entorno. La intelección humana es el resultado de un grandísimo aumento de nivel de agregación de señales del entorno, reflexionadas y procesadas.

El sistema humano logra procesar esta grandísima cantidad de señales del entono mediante la re-presentación de las señales. La presencia de la presión presente del entorno, el sistema humano, la vuelve a presentar reflexivamente, la re-presenta. Lo que caracteriza la intelección humana es la capacidad de re-presentar las señales en otro cuerpo y memoria, en paredes, tablillas, papiros, papeles o bases de datos. Esta capacidad de re-presentación de las señales confiere a la intelección humana una capacidad mucho mayor de anticipar, predecir y pronosticar la posible conducta de sistemas de su entorno. La re-presentación de la presión de la presencia, posiblemente presente, conduce la intelección humana, que conduce a su vez sus cambios de posición, de peso y de paso ante la presión de la presencia, posiblemente presente, de los sistemas de su entorno. De este modo, entendemos el éxito en la re-equilibración de los seres humanos en su entorno comparándolo con el resto de sistemas que no tienen esta capacidad de representación.

Con esta idea de topo-arqueología de la intelección, volvamos a nuestra interpretación de Platón.

Un sistema mantiene el equilibro reflexionando las señales de su entorno, como resultado de la reflexión integra el entorno en su dintorno y contorno. Esto nos lleva a plantear que todo sistema es el resultado de una serie de acuerdos y desacuerdos con los sistemas de su entorno. Una de las cuestiones fundamentales en la obra de Platón y en el pensamiento posterior es qué entendemos por proyecto *Polis*. El proyecto *Polis* es el proyecto de re-equilibración de una comunidad en comunicación. Por tanto, la cuestión fundamental es cómo llevar a cabo dicho proyecto, qué podemos y debemos conocer, qué cabe esperar y qué podemos y debemos hacer y padecer. Platón está presentando una *Ciencia Pura* o *Ciencia Divina*, la *Dialéctica*, con la que conducir el proyecto *Polis*.

La delimitación de la *Polis* no tiene que ver solo con una delimitación geográfica sino también con la capacidad de intelección de los ciudadanos que la configuran. Es bárbaro aquel que no pertenece a un proyecto *Polis*, quien no es capaz de acceder a la *Ciencia Pura* o *Divina*, quien no se comunica con su entorno por medio de la *Dialéctica*. La *Dialéctica* es el medio de retener y contener la re-equilibración entre los diferentes sistemas en comunicación, re-equilibrando los intereses individuales o, intrasubjetivos, con los intereses de la población o, extrasubjetivos. El contorno del proyecto *Polis* que guía la *Dialéctica* es la re-equilibración intersubjetiva, que tiene en consideración, tanto los intereses intra y extrasubjetivos. Tener en consideración al resto de sistemas como a uno mismo, con el fin de retener el equilibrio exige, una vez más, conocimiento. Un conocimiento que sea capaz de entender la conducta de los sistemas, por qué actúan de este modo, para qué, con qué fin, cuándo, desde dónde hasta dónde; qué necesitan, qué quieren y qué requieren. Alcanzar dicho conocimiento exige adentrarnos en la conformación del procesamiento, el cuerpo y la memoria de los sistemas, que dirige su cauce y encauzamiento en su entorno, con una pro-tensión de re-equilibración intra, extra o intersubjetiva.

Platón señala en el *Fedro* el perjuicio que conlleva una intelección de la ciudadanía que tan solo pretenda la mera re-equilibración intrasubjetiva o la mera re-equilibración extrasubjetiva. Platón hace énfasis, en que cuando nos dejamos llevar por la pretensión de satisfacer los propios apetitos, sin atender a los apetitos de los demás; es decir, sin atender ni entender a quienes habitan con nosotros. Entonces, la re-equilibración intersubjetiva de nuestro mundo, nuestra *Polis*, tiende a degradarse. Una intelección sin *Dialéctica*, sin entender el decir y la conducta de los sistemas que nos rodean, nos conducirá a la desarmonía entre amantes y amados, entre ciudadanos de la *Polis,* así como nos desarmonizará también con respecto a los dioses. Sin conocimiento —*episteme*— no es posible apreciar lo Real, pues sin él, no alcanzamos las *ideas perfectas*. De este modo, Platón hace énfasis en la importancia que tiene la correcta y recta comunicación, es decir, para una correcta comunicación es necesario un conocimiento correcto del decir y la conducta de los sistemas, y para una recta comunicación es necesario conocer la comunicación del conjunto de sistemas que hacen posible la re-quilibración del entorno en el que se encuentran. Además de conocer la delimitación del entorno donde tiene lugar la re-equilibración de los sistemas, es necesario conocer el proceso funcional u operativo que hace a los sistemas retener la re-equilibración en su entorno o, dominio y recorrido de las funciones de comunicación. La capacidad de descomposición y composición de los sistemas es fundamental en el proceso dialéctico, pues en el proceso de análisis y síntesis se hace posible el entendimiento de los sistemas, es decir, de la comunicación que retienen entre ellos y de en qué dominio y recorrido se re-equilibran. Platón dice, que para aprender a hablar y a pensar es indispensable descomponer y recomponer las ideas, y advierte de lo extraordinario que es encontrar a alguien capaz de hacerlo, y que cuando encuentra a alguien con esta capacidad, corre tras el como tras un dios.

«Yo, querido Fedro, gusto extraordinariamente de descomponer y recomponer las ideas, porque así se aprende a hablar y a pensar. Y cuando creo haber hallado un hombre capaz de comprender a un mismo tiempo el conjunto y los detalles de un objeto, marcho tras sus huellas como tras un dios. A los que poseen ese talento, con razón o sin ella los he llamado dialécticos. Pero a los que se han formado en tu escuela y en la de Lisias, no sé cómo llamarlos»[49].

En este intento de conducir la lectura de Platón hacia la clarificación de un Método que conduzca la intelección,

49. Platón. *Diálogos. Defensa de Sócrates. Critón o el deber. Fedón o del alma. El banquete o del amor. Fedro o de la belleza.* Traducción: Garriga, J. Nueva Edición. Barcelona. 1979. p. 182.

106

podemos plantear que, una de las premisas de la *Dialéctica* es dividir lo complicado en partes más simples y devolverlas a su complicación, para así entender el proceso de originación y desarrollo. De este modo, parece plantear Platón, puede alcanzarse el entendimiento del proceso de retención y contención de la re-equilibración de cada sistema en su entorno. Dicho entendimiento puede hacer a los seres humanos comprender, que la pro-tensión de continuidad de re-equilibración se halla en todo sistema. El reconocimiento de esta analogía conduce el entendimiento a simpatizar con el resto de sistemas, pues en verdad también nosotros somos como el resto de sistemas, pretendemos la continuidad de la re-equilibración. No abandonar este procedimiento de análisis y síntesis, mientras nos reconocemos a nosotros mismos como otro, puede reconducir la comunicación hacia acuerdos o desacuerdos más exitosos en favor de la re-equilibración intersubjetiva.

«SÓC: «Hay que poder dividir las ideas siguiendo sus naturales articulaciones, y no ponerse a quebrantar ninguno de sus miembros, a manera de un mal carnicero. Hay que proceder, más bien, como, hace un momento, los dos discursos, que captaron en una única idea, común a ambos, la insania que hubiera en el pensamiento; y de la misma manera a como, por fuerza natural, en un cuerpo único hay partes dobles y homónimas, que se denominan izquierdas y derechas, así también los dos discursos consideraron la idea de «paranoia» bajo la forma de una unidad innata ya en nosotros. Uno, en verdad, cortando la parte izquierda, no cesó de irla dividiendo hasta que encontró, entre ellas, un amor llamado siniestro, y que, con toda justicia, no dejó sin vituperar. A su vez, el segundo llevándonos hacia las del lado derecho de la manía habiendo encontrado un homónimo de aquel, un amor pero divino, y poniéndonoslo delante lo ensalzó como nuestra mayor fuente de bienes.

FED. —Cosas muy verdaderas has dicho.

SÓC. —Y de esto es de lo que soy yo amante, Fedro de las divisiones y uniones, que me hacen capaz de hablar y de pensar»[50].

La cuestión crucial es cómo hacerlo, con qué algoritmo o método. Como ya hemos dicho, en la *Dialéctica* de Platón y concretamente en este afán de análisis y síntesis de los sucesos, puede intuirse la pretensión de Platón de elaborar un Método con el que controlar los acuerdos y desacuerdos entre los ciudadanos de la *Polis*, de modo que el proyecto *Polis* conduzca hacia una re-equilibración inter-subjetiva. Pero, en verdad, dicho Método no comparece de modo explícito. También lo intuimos en su afán por ofrecer un medio de validación de los juicios cuando alude a las *ideas perfectas*. Con las *ideas perfectas* pretende proponer un medio de validez, pero al darle a éstas una connotación semidivina, el método se oscurece más que se clarifica.

Aunque intentemos interpretar con benevolencia su concepción de *ideas perfectas*, ello no nos aclara nada acerca de cómo poner en marcha un Método de control de la intelección, del decir y de la conducta.

Intentemos una vez más hacer una interpretación benévola de la fundamentación de lo Real en el Más Allá. Platón da al origen de originación un sentido trascendente,

---

50.   Platón. *Fedro* en *Diálogos III. Fedón. Banquete. Fedro*. Traducción de García Gual. C. Martínez Hernandez, M. Y Lledó Iñigo, E. Gredos. Madrid. 1986. p. 386.

representado poética o míticamente con una idea de quietud perfecta, capaz de dinamizar una realidad imperfecta. La fuente trascendente del Mundo está más allá de él, pero parece que, entre el Mundo y el Más allá de los dioses, hay una relación de continuidad. Entendemos que es necesario explorar con mayor claridad si dicha continuidad es una relación efecto-afecto-afecto-efecto, si lo que transcurre en un mundo tiene resonancia en el otro y viceversa. La noción de *idea perfecta* es privilegiada para explorar la relación entre los dos mundos, pues parece pertenecer a ambos. Con nuestra idea de topo-arqueología de la intelección, cabe interpretar que el acceso humano a las *ideas perfectas* es resultado de alcanzar el punto de máxima reflexión, donde la atención reposa sobre sí misma, situado en el lugar más distante de lo Real y donde el tiempo tiende a detenerse. Parece que en dicho estado de *epogé* o *skepsis*, la intelección humana puede recordar su esencia, esa que pertenece al Mundo de los dioses. Alcanzar dicho momento y lugar confiere una impresión que se inscribe en el Alma, que es el contorno del dintorno material humano. La intelección atraviesa, en un viaje de ida y vuelta, la materialidad del mundo, orientando el sentido común y los cinco sentidos, hasta alcanzar su contorno o el Alma. Allí, el Alma queda impresionada por el entorno, el mundo de las *ideas perfectas*. En el viaje de vuelta, el Alma, impresionada por las ideas perfectas, impresiona a su vez el núcleo del dintorno, expresando y reorientando el sentido común y los cinco sentidos.

Con nuestra idea de comunicación, cabe interpretar, que en este proceso de ida y vuelta, el ser humano llega a reconocer, que todo es resultado de la comunicación, todo es resultado de un proceso, que conduce a una serie de encajes, de idas y vueltas de señales, que con proporción y adecuación convienen. Es decir, todo sistema es resultado de una comunicación capaz de acomodarse, adaptarse y asimilar el entorno en el que emerge y en el que termina sumergiéndose. En este proceso de acomodación, adaptación y asimilación (y diferenciación) se re-equilibran los sistemas, es decir, se re-equilibra un estado de relaciones entre sistemas, en una relación efecto-afecto-afecto-efecto.

Cuando el ser humano alcanza la intelección de lo Real mediante esta noción de comunicación reconoce, que él mismo, de modo análogo a todo lo demás, es resultado de un proceso de acomodación, adaptación y asimilación (y diferenciación) de las señales y sistemas de su entorno. Reconoce que este proceso, desde su origen de originación, es conducido por una pro-tensión de continuidad de la re-equilibración, es decir, uno mismo, como todo lo demás, es impulsado a retener y contener una re-equilibración en su entorno, y que, uno mismo, como todo, inexorablemente se desequilibrará sumergiéndose en el entorno. Por tanto, tras la impresión de una profunda reflexión acerca del fundamento comunicativo de lo Real, el ser humano se reconoce a sí mismo como otro sistema de su entorno, de modo que entiende que todos los sistemas son análogos en su pro-tensión de continuidad de re-equilibración. El progreso de la complicación y sofisticación de la intelección humana, resultado del aumento del nivel de agregación de las señales de su entorno, alcanza la intelección de la re-equilibración de la totalidad del Cosmos. Es decir, la intelección humana ha aumentado, en su proceso de re-equilibración en su entorno, el horizonte o el entorno en el que divisa la comunicación entre los diferentes sistemas; como resultado de reflexionar sobre la ampliación del dominio y recorrido (dimensión) de los sistemas, el ser humano alcanza la intelección de totalidad de lo Real, lo que luego hemos denominado «Cosmos». Y cuando alcanza la intelección de este inmenso entorno, da un paso más, planteándose cuál es el entorno de dicho entorno. El Más Allá del Cosmos se interpreta en relación con el Cosmos. Y dicha relación es lo que podríamos denominar la borrosidad última a la que se enfrenta la intelección humana. Decimos que la intelección aumenta su capacidad de complicación y sofisticación, cuando aumenta la capacidad de retener y contener la re-equilibración en su entorno. La intelección tiene un grado de corrección y rectitud, que aumenta, cuando a su vez, aumenta la intelección de los diferentes procesos que conducen la re-equilibración de los sistemas en entornos cada vez mayores. Este aumento de la intelección conduce a una capacidad mayor de retener y contener la re-equilibración.

Platón se está planteando cómo retener y contener la re-equilibración entre los ciudadanos, en la *Polis* y con el Más Allá de los dioses. Cabe interpretar, que Platón entiende que el entorno del que emergen los seres humanos está ubicado Más Allá del Cosmos, un mundo perfecto, del que venimos y al que volvemos. Por tanto, conjetura una idea de relación entre el Cosmos y su Más Allá. La conjetura platónica de la relación entre Más Allá y Más Acá se ha reinterpretado innumerables veces. Nosotros la interpretamos desde la perspectiva del cambio de dimensión o cambio de dominio y recorrido, donde se retiene y contiene la re-equilibración. Es decir, los sistemas retienen y contienen su re-equilibrio en un entorno, pero este entorno se puede cambiar. Este proceso de cambio de dimensión es resultado de transformaciones en el procesamiento, cuerpo y memoria del sistema. Y es precisamente, lo que la Dialéctica se propone; guiar la transformaciones que conducen a la re-equilibración del entorno material, en el que se encuentra el ser humano, así como guiar las transformaciones que conducen a la re-equilibración de éste en otro entorno Más Allá, el de los dioses. Es decir, cabe interpretar en la lectura de Platón, que el cambio de dominio y recorrido está condicionado por la eficacia y la eficiencia de la re-equilibración, que esta a su vez condicionado, por la corrección y la rectitud de la intelección del sistema en su entorno. Es decir, cabe plantear, que hay un modo de operar y funcionar en un entorno que nos conduzca a otro entorno, dicho tránsito depende o está condicionado por la corrección y rectitud de la intelección, que es precisamente lo que pretende ofrecer Platón con su *Dialéctica*.

Como ya advertíamos, todo esto es extraordinariamente oscuro, ya que exige una aclaración que no parece posible constatar de modo evidente. Pero, también es verdad, que todo este proceso de re-equilibración de los sistemas en diferentes dimensiones o entornos, es relativamente reconocible de muchos modos. Ejemplos de ellos, los muestra la biología, con el ciclo del gusano de seda; la física, con la dualidad onda-corpúsculo; la química, con los procesos termodinámicos con los que dos o más sustancias se transforman, cambiando su estructura molecular. Y también desde la Poética, con la idea de Más Allá de lo Real o Cielo, y Más Acá o Tierra. La humanidad ha intentado articular poéticamente esta relación entre el Más allá del mundo visible y el Más Acá; proyectando lo que es reconocible empíricamente en el Más acá (como el proceso del gusano de seda). Es decir, la idea de los cambios de dimensión de la re-equilibración no nos es ajena, de hecho, estamos habituados a ella. Por tanto, aunque Platón no proporciona una interpretación clara acerca de la relación entre ciudadanos, *Polis* y Más allá de la *Polis,* no parece oportuno despreciar completamente y sin más su proyecto de dar forma a un cálculo o un método que permita re-equilibrar dichos entornos entre sí. La *Dialéctica* se propone como una Ciencia capaz de articular el pensamiento en una dirección recta y correcta, pero la *Dialéctica*, por ser Ciencia no queda separada o desvinculada del Más Allá, al contrario, por ello es una Ciencia Divina.

Para Platón es importantísimo que el proyecto *Polis* sea un proyecto de re-equilibración intersubjetiva. Lo que estamos intentando dilucidar es la amplitud del concepto de intersubjetividad que plantea Platón. La *Dialéctica* incluye una perspectiva trascendente, pues lo que está en juego, no es solo la re-equilibración extrasubjetiva de la *Polis* y/o la re-equilibración intrasubjetiva de cada uno de los ciudadanos de la *Polis,* sino la re-equilibración intersubjetiva de cada uno de los ciudadanos y de la *Polis* en continuidad con los Dioses. Por ello, interpretamos la *Dialéctica* como el medio de controlar todo ese proceso de re-equilibración. Para Platón, la corrección y rectitud de la intelección es resultado de la puesta en marcha de la *Dialéctica*, lo que conducirá hacia una re-equilibración de lo trascendente y lo inmanente.

SIMPATÍA O AMOR, EL ESTADO DE ÁNIMO DE LA INTELECCIÓN RECTA Y CORRECTA

El ser humano es el único sistema con la posibilidad y la capacidad de entender la conducta de los sistemas de su entorno, el porqué y el para qué de su conducta, cuánto de qué necesitan para hacer y padecer qué, de dónde esta dónde, cuándo, cómo. Esta capacidad de intelección le permite reconocer que hay un re-equilibrio comunicativo entre los sistemas de su entorno; lo que le confiere la posibilidad y la capacidad de llevar a cabo las transformaciones necesarias para reconducir dicho re-equilibrio comunicativo. Dicha capacidad de anticipación, predicción y pronóstico de la conducta de los sistemas de su entorno, otorga al ser humano la posibilidad y la capacidad de Simpatizar con todos ellos. Es decir, reconociendo en todos ellos, como en sí mismo, su pretensión de continuar el ciclo de emergencia y sumersión, el ser humano puede hacer y padecer lo necesario para que dicho proceso de re-equilibración continúe en favor de una re-equilibración intersubjetiva. Platón, parece plantear, que cuando el ser humano alcanza el punto de resonancia entre el Más Allá y el Más Acá, por medio del Alma y de las *ideas perfectas*, se descubre a sí mismo con un estado de ánimo, que luego hemos denominado «Amor». El estado de ánimo que acompaña el requerimiento de que permanezca el Mundo de la materia, el Mundo de la vida y el Mundo de los seres humanos en re-equilibración intersubjetiva, lo denominamos «Simpatía» o «Amor». La intelección humana guiada por la *Dialéctica* y modulada por el Amor o la Simpatía, se propone hacer y padecer lo posible, para que este proceso continúe, guardando y custodiando los procesos de re-equilibración intersubjetiva que transcurren en el entorno, al que él mismo pertenece.

Dicho de otro modo, esta interpretación, de lo que pudiéramos denominar la «ontoteología» de Platón, nos conduce a plantear, que en este proceso de ida y vuelta del mundo material al mundo de los dioses por medio del Alma y *las ideas perfectas*, los seres humanos y todo lo que les rodea es resultado de su capacidad de coordinación y concordancia con el entorno. Platón propone una conjetura trascendente, los dioses ofrecen la inmovilidad de la *Alétheia* a los viajeros que profundizan en la reflexión o en la intelección. En el proceso de descubrimiento de la quietud perfecta de la verdad, resuena Amor o Simpatía por el entorno en el que ha emergido y en el que se sumerge.

Si antes, interpretábamos en Platón la idea de descomposición y composición de las cosas, como el inicio de un Método de control de la comunicación, referida a la materialidad de los sistemas. Ahora, con esta interpretación de *idea perfecta*, estamos concediéndole la posición de iniciador de un método de control de la comunicación en un entorno mayor al de la materialidad del mundo, que incluye la idea de Dios. La ontoteología de Platón parece fundamentar que el deber humano es alcanzar una re-equilibración intersubjetiva.

En la exposición implícita, que hace Platón de su Método de control del decir y de la conducta, señala algunos signos que muestran cuando estamos perdiendo el control que conduce a la Armonía, haciéndonos perder el sendero que lleva hacia re-equilibración intersubjetiva. Las bajas pasiones o *manías* como la envidia, el rencor, la codicia o la maledicencia diabolizan —contrario a simbolizar— el correcto y recto cauce y encauzamiento humano, haciéndole perder la orientación y la intensidad proporcionada y adecuada. Para combatirlas es necesario el conocimiento —*episteme*— conducido por la *Dialéctica*. La *Dialéctica* se propone sujetar las *manías*, con un Amor que conduce el Conocimiento y con un conocimiento que conduce al Amor[51].

El Amor o la Simpatía es resultado de la correcta y recta intelección del mundo, y la correcta y recta intelección del mundo, es, a su vez, resultado del Amor y la Simpatía. Platón nos advierte que debemos requerir el conocimiento del mundo, el que se adquiere mediante la *Dialéctica*, y no conformarnos con la mera opinión; pues el primero tiende a la re-equilibración intersubjetiva, aparejada al verdadero Amor, y el segundo a la re-equilibración meramente extra o intrasubjetiva, aparejada a la bajas pasiones. Amor y conocimiento se retroalimentan, y ellos conducen la verdadera posición del ser humano en el Cosmos: Guarda y custodio del entorno al que pertenece.

En el *Fedro*, quienes aman, lo hacen como resultado de conocer lo Real en concordancia con lo divino, a través de las *ideas perfectas*, a las que se llega por medio de la *Dialéctica*. Pero el cálculo, el algoritmo, el Método que pretende ser la *Dialéctica* no queda explícito. De modo que para hacernos dialécticos solo podemos seguir un método representado implícitamente en el conjunto de sus diálogos.

---

51. Platón. *Fedro* en *Fedón. Banquete. Fedro.* Traducción de García Gual. C. Martínez Hernández, M. Y Lledó Íñigo, E. Gredos. Madrid. 1986. p. 331 y ss.

HACIA UNA PEDAGOGÍA DEL CAMPO SEMIÓTICO

Entendemos símbolo como la re-presentación que enseña cómo las señales encajan. Las señales van y vienen encajando o no, con pro-tensión de continuidad de re-equilibración extra, intra o intersubjetiva. Decimos que el lenguaje es simbólico porque nos enseña a encauzar la re-equilibración. Hay lenguajes dedicados a representar el proceso de re-equilibración de los objetos de la Naturaleza; tales como la física, la química y la biología. Otros, se dedican a representar el proceso de re-equilibración entre objetos de la naturaleza y sujetos; la farmacia, la medicina y las ingenierías. Y otros lenguajes, que se dedican a representar el proceso de re-equilibración entre sujetos en relación con objetos; la antropología, la sociología y la psicología.

Hemos elaborado una grandísima cantidad de lenguajes que representan y nos enseñan cómo encajan las señales. La filosofía se propone controlar el cauce y encauzamiento de la representación de todos estos lenguajes, proporcionándonos una orientación entre el Origen y el Destino de la Humanidad. La filosofía es un lenguaje eminentemente poético, pues se propone modular el estado de ánimo con el que enfrentarnos a los procesos de re-equilibración, teniendo presente que nuestra estancia, aun siendo efímera, puede ser crucial para el destino del Cosmos. Por ello, la filosofía tiene la obligación de conocer con precisión todos los lenguajes objetivos que representan la re-equilibración de los sistemas, para ofrecer una correcta poética, verosímil diría Aristóteles, que nos descubra el sentido de la existencia. En el momento en el que el ofrecimiento del relato que da sentido a la existencia, no sea verosímil, no integre el conocimiento representado por los diferentes lenguajes, el relato ofrecido será rechazador por quienes conozcan con corrección el proceso de re-equilibración. Y será aceptado, quizá, por quienes no lo conozcan.

Platón ofrece filosofía, es decir, ofrece un relato poético con el que integrar los diferentes saberes, en el discurso de los ciudadanos, para que puedan alcanzar una re-equilibración intersubjetiva. Platón no se conforma con la re-equilibración de la *Polis*, propone una re-equilibración entre Origen y Destino. Por ello, plantea un medio de control de la re-presentación con el fin de re-equilibrar políticamente a los ciudadanos, así como la re-equilibración de estos en su entorno material. Pero además, Platón propone un medio de justificación de por qué debemos re-equilibrar la *Polis*. Y ello, no es solo para el bienestar social y material de los ciudadanos, sino también para su encaje con el Más Allá. Nosotros hemos querido encontrar una continuidad entre la re-equilibración material y política de la *Polis*, y la re-equilibración de ésta con el Más Allá. Para ello, hemos ofrecido aquí una idea de comunicación, que desarrollaremos temáticamente en otra extensa obra, y que pudiera ofrecer una solución a las debilidades en la argumentación que Platón planteaba hace 2500 años.

En su teoría del conocimiento, Platón plantea la *Dianoia* como el modo de la *Noesis*, pues la *Dianoia* permite partir un hecho en particularidades, con el fin de comprender una generalidad en la que están incluidas dichas particularidades.

Como ya hemos expuesto, esta facultad es clave para discriminar lo relevante de lo que no lo es, eso que luego la Teoría de la Información describirá como la clarificación del ruido. La Geometría para Platón es un Método que simplifica la complejidad y es indispensable para conducir la vida humana en su entorno; a esto quizá se refería el frontispicio que uno encontraba ante la Academia de Platón: «Quien no sepa Geometría no entra en la Academia»[52]. Pero, la *Dianoia* es insuficiente para alcanzar la Virtud y situar a la humanidad en el cauce y encauzamiento de la re-equilibración intersubjetiva. El conocimiento —*episteme*— sin *Dianoia* queda reducido a *Pistis* y *Eukasia*. La *Dialéctica* exige un análisis exacto de la Naturaleza[53], *Dianoia*, que proporcione la capacidad de descomponer y volver a componer en la unidad, de lo contrario, la deliberación tenderá a la confusión, pues no se definirá y delimitará la cuestión con corrección; pero además de *Dianoia*, de la delimitación y la definición correcta de las cuestiones, es necesario Rectitud, lo que terminará convirtiendo el conocimiento en *Episteme*. Este conocimiento completo conduce la Humanidad hacia una re-equilibración intersubjetiva.

«Luego el que se proponga emprender el arte oratorio deberá, ante todo, haber hecho metódicamente esta distinción y

52. *Elias* en su *«Comentario a las Categorías, XVIII, 118, 18-19):* «En la Academia de Platón, delante del templo de las Musas estaba escrito: 'No entre nadie que no conozca la geometría' καὶ διὰ Πλατόνα ἐπιγράψαντα πρὸ τοῦ μουσείου ἀγεωμέτρητος μέδεις εἰσίτω, («*kai diá Platóna epigrápsanta pro tou mouseíou ageométretos médeis eisíto*»). Juan Filópono en *Comentario sobre el alma*, XV,117,27, «no entre el que no sepa geometría», «ageometretos me eisito» ἀγεωμέτρητος μὴ εἰσίτω.

53. Platón. *Diálogos. Defensa de Sócrates. Critón o el deber. Fedón o del alma. El banquete o del amor. Fedro o de la belleza.* Traducción: Garriga, J. Nueva Edición. Barcelona. 1979. p. 186.

aprendido a reconocer en sus diferentes caracteres las cosas sobre las cuales la opinión está fluctuante y es insegura y aquellas otras sobre las cuales no hay duda posible»[54].

Con lo expuesto hasta aquí, entendemos que dependemos de una pedagogía capaz de formar a los ciudadanos en guardar y custodiar la re-equilibración intersubjetiva. En esto estamos de acuerdo con Platón, es necesaria una pedagogía que conduzca la comunicación entre ciudadanos, la *Polis* y el más allá de los dioses[55] hacia una comunicación donde lo relevante sea la re-equilibración intersubjetiva. Pero necesitamos la representación explícita de dicho método. Sin un Método que permita calcular el grado de corrección y de rectitud del decir y de la conducta, en un dominio y recorrido intersubjetivo, todo Proyecto Pedagógico se encuentra simplemente inacabado. Las nociones de *ideas perfectas* y de un Mundo Más Allá tienen fuerza poética, pero son conceptos demasiado borrosos empíricamente, como para fundamentar la representación explícita de un Método de semejante magnitud.

También estamos de acuerdo con Platón, en que la explicitación del Método no debe responder a un conocimiento gobernado solo por la *Dianoia*. Cabe plantear, que del conocimiento que brinda la *Dianoia* han resultado todas las disciplinas representadas por el conocimiento moderno, con las que se ha clasificado lo Real. La *Dianoia* no puede

54. *Ibidem*. p. 179.
55. *Quoad Nos* significa literalmente «para nosotros». Se distingue entre una proposición evidente por sí misma *per se* y una proposición evidente para nosotros. Así, según Santo Tomás, la proposición «Dios existe» es evidente *per se*, pero no lo es *Quoad nos*. Ferrter Mora, J. *Diccionario de filosofía*. Ariel. Barcelona. 1994. Tomo Q-Z. Entrada *Quoad Nos*. p. 2977.

re-presentar un Método que gobierne las disciplinas en favor de una re-equilibración Intersubjetiva. Platón es el primero en advertir el déficit de este proyecto pedagógico, y se lanza a buscar un fundamento más firme que el que proporciona la *Dianoia*, pero el proyecto termina emborronándose.

El conjunto de las disciplinas del conocimiento humano, hasta ahora, tan solo han descrito partes del Campo Semiótico. Necesitamos un mapa que lo re-presente panorámicamente, un medio de control de todas las disciplinas de las Ciencias Exactas, Ciencias Naturales, Sociales y Humanas capaz de conducir el decir y la conducta por un cauce y encauzamiento no solo correcto sino también recto.

Tan solo es necesario un ser humano, dice Platón, que sea capaz de enseñar la virtud a los demás para que ésta pueda amplificarse en el resto de la Humanidad. La pretensión de establecer una orientación hacia el Bien ha quedado inacabada.

El Proyecto que inaugura Platón se encuentra en proceso de culminación. En este ensayo hemos querido ofrecer una introducción a la una obra, que espera ya su publicación en esta misma editorial, y que pretende ofrecer una vía a dicha culminación, donde re-presentamos las leyes de transformación del Campo Semiótico con las que conducir la re-equilibración intersubjetiva y cuyo primer explorador fue Platón.

ÍNDICE